JAPANESE FOR COLLEGE STUDENTS

JAPANESE
FOR
COLLEGE
STUDENTS

Basic

Vol.3

International Christian University

KODANSHA INTERNATIONAL
Tokyo • New York • London

International Christian University staff who participated in the writing of *Japanese for College Students: Basic* (in alphabetical order with an asterisk indicating the coordinator for this edition)

George D. Bedell

Marie J. Bedell

Rebecca L. Copeland

Yoshifumi Hida

Izumi Hirata

Masayoshi Hirose

Shigeko Inagaki

Mayumi Yuki Johnson

Ryoko Murano

Ichiro Nakamura

Taeko Nakamura

*Machiko Netsu

Takashi Ogawa

Kumiko Osaki

Yoko Suzuki

Mari Tanaka

Sayoko Yamashita

Illustrations by Midori Murasaki

Distributed in the United States by Kodansha America, Inc., 575 Lexington Avenue, New York N.Y. 10022, and in the United Kingdom and continental Europe by Kodansha Europe Ltd., Tavern Quay, Rope Street, London SE16 7TX.

Published by Kodansha International Ltd., 17-14 Otowa 1-chome, Bunkyo-ku, Tokyo 112-8652, and Kodansha America, Inc.

First edition, 1996
03 04 05 06 07 08 09 10   10 9 8 7 6 5 4

www.thejapanpage.com

CONTENTS

Making polite requests
Describing forced actions

[causatives; causative-passives; 〜させてください／させていただきたいんですが…]

Reading:

Letters to the editor (urban housing)

Writing:

場、道、通、曜、歌、不、音、楽

Lesson 30

Listening and Speaking / Grammar Notes:

Expressing conjecture
[〜らしい; 〜ようだ; 〜そうだ]

Reading:

Essay (pager)

Writing:

安、特、別、送、主、洋、服、終

Appendices

    numbers, counters, days, time, dates, family terms

PREFACE

Japanese for College Students: Basic is a comprehensive beginner's textbook of Japanese for university students, including sentence patterns, idiomatic expressions, conversations, kanji, vocabulary, reading, and writing. The vocabulary, expressions, grammar, and kanji have all been carefully selected on the basis of a close observation of the life-styles and activities of contemporary students; they assume situations and settings which foreigners would be likely to encounter in everyday life as university students in Japan. The textbook has been structured so that students not only acquire the language proficiency necessary for daily life, but also gain an ample grounding in basic grammar and kanji for proceeding to higher levels.

Many illustrations, a great number of conversational Japanese expressions, and various roleplays have been included to make the book suitable for teaching with a communicative approach. Special care has been taken to ensure that the points to be learned are presented over several lessons and recur in spiral fashion to facilitate absorption. Detailed English explanations are provided for the study of grammatical points. With a total of thirty lessons (ten per volume), the three volumes are intended to be completed in a program of approximately 300 hours of classroom study, resulting in an acquired vocabulary of some 2,000 words and 400 kanji.

The teaching of Japanese in universities has become more widely spread in recent years. At ICU the regular Japanese language program for foreign students was inaugurated in 1953. In 1963 ICU published *Modern Japanese for University Students, Part I.* This textbook, based on then-current theories of structural linguistics and language teaching pedagogy, enjoyed a life of thirty years at institutions in Japan and abroad. In 1989 it was decided to create a completely new textbook for foreign students based on the latest linguistic theories and teaching methodologies. Since that time, the new textbook has gone through several preliminary versions and two trial printings, and now appears as *Japanese for College Students: Basic.* Although the utmost care was taken with the content, there is still undoubtedly room for improvement. Comments and suggestions would be greatly appreciated.

This book could not have been completed without the assistance of many people. We are particularly indebted to the following people for their efforts during the process of actual publication: Yoko Sakumae, Kumi Noguchi, Nobuko Ikeda, Chika Maruyama, Ikumi Ozawa, Chiaki Hatanaka, and Kenji Nakagawa of the ICU Japanese Language Programs; and to Taku Ogawa and Michael Brase of Kodansha International Ltd. To all we express our sincerest appreciation.

Japanese Language Programs and
The Research Center for Japanese Language Education
International Christian University, 1996

はじめに

　本書は、大学生のための、会話、文型、表現、漢字、語彙、読解、書き方を含む総合的な初級教科書である。学生の実際の生活行動を参考に、外国人が大学生として生活していく上で日常出会うと思われる場面を想定し、初級レベルとして必要な語彙、表現、文法項目、漢字を厳選してある。この教科書をマスターすれば、日常生活に必要な日本語力が得られるばかりでなく、さらに上のレベルに進むのに十分な基礎的文法力、漢字力が得られるように構成されている。

　本書はコミュニカティブな教授法に合うように、イラストをほどこし、自然な表現を取り入れてある。重要な学習項目はいくつかの課にわたって提示され、学習が繰返しスパイラル式に行なわれ、定着するように配慮されている。文法事項は予習・復習の便をはかり、英語によるくわしい解説をほどこしてある。全体を全3巻30課（各巻10課）で構成し、約300時間のプログラムを考えて作られている。（語彙約2000語、漢字400字）

　大学において日本語教育が行なわれるようになってから久しい。ICUにおいては、1953年、外国人学生に対する日本語教育が正規の学科目として始められ、1963年、大学生のための独自の日本語教科書「Modern Japanese for University Students」Part Iを出版した。この教科書は当時の構造言語学、外国語教授法に基づいて作られ、幸い約30年の長きにわたり内外の機関で使用された。1989年、現代の学生のニーズにあった全く新しい外国人学生のための日本語教科書を、最新の言語学、外国語教授理論に基づいて作ることになり、以来幾回にもおよぶ仮印刷版、2回にわたる試用版を経て、今回ようやく「Japanese for College Students:Basic」として上梓のはこびとなった。内容等万全を期したが、なお問題もあろうかと思う。さらなる改善のために皆様のご叱正を請う次第である。

　この本ができるまでには多くの方々の献身的な助力があった。出版にあたって特に日本語教育プログラムの作前陽子、野口久美、池田伸子、丸山千歌、小澤伊久美、畑中千晶、中川健司、講談社インターナショナル編集部のマイケル・ブレーズ、小川卓の諸氏に謝意を表したい。

1996年9月

国際基督教大学
日本語教育プログラム・
日本語教育研究センター

HOW TO USE THIS BOOK

This textbook is for college students studying the Japanese language for the first time. The goal of the book is to enable students to function linguistically in everyday situations involving listening, speaking, reading, and writing. All of these aspects of the language, as well as grammar, are studied and practiced in context. By practicing in context, students learn accuracy and appropriateness. In keeping with this objective, the Japanese writing system of kana and kanji is introduced from the very first lesson. Kana and kanji are exclusively used in the "Listening and Speaking" section; the "Grammar Notes" use Japanese script plus selected subscript romanization in Lessons 1-4, but thereafter the romanization is dropped. On the oral side, it is important that the tapes be used for self-study practice in the preview and review of each lesson, and in the classroom the basic underlying assumption concerning the "Listening and Speaking" section is that the class will be conducted orally, and that any oral practice will be done with the book closed.

The text consists of 30 lessons divided into three volumes of ten lessons each. Each volume presents situations and contexts familiar to college students. Volume 1 relates to the students themselves and their immediate circumstances; Volume 2 involves frequently encountered situations; Volume 3 presents social and public situations relevant to college life.

The lessons that follow "Getting Started" are organized as follows:
- Listening and Speaking
- Grammar Notes
- Reading
- Writing

Listening and Speaking

OBJECTIVES: Here the goals of the lesson are given. In order to make the most efficient use of their time, students should have these objectives firmly in mind before beginning the lesson.

POINTS: The major linguistic functions of the lesson are listed here. These functions must be learned in order to achieve the lesson's goals. Students should go over these points before starting the lesson and review them again afterwards.

SENTENCES: Grammatical items to be studied in the lesson are listed in example sentence form and underscored with a dotted line. These sentences are practiced orally one by one in the "Formation" section. Students should go over this list before starting the lesson and refer to it again later for review purposes.

EXPRESSIONS: Expressions that are particularly helpful in making conversation flow smoothly and naturally are listed here. Later they are studied in the "Drills" section, where they are underscored with a dotted line. They include sentence final particles, conjunctions, interjections, and contracted forms. For each expression, English equivalents are provided. When there are no expressions for a particular lesson, the "Expressions" heading does not appear.

The following three oral practice activities should be taken up in the order presented: "Formation," "Drills," and "Roleplay." Each activity has different goals.

「フォーメーション」 Here the grammatical items listed in "Sentences" are practiced
FORMATION: orally. The goal is to achieve accuracy in pronunciation and grammar. This basic practice is extremely important in preparing for the "Drills" and "Roleplay" sections. The numbers of the subheadings in "Sentences" and "Formation" correspond for easy reference. Each example in "Formation" indicates how the intended sentence pattern is obtained from the given cues: the word or words to the left of the arrow ($\rightarrow$) in the example are the cue and those to the right of the arrow are the sentence to be produced, with the underlined part to the right of the arrow to be replaced with the cues given below. This is a form of substitution practice. Each exercise is limited to a single sentence focusing on a single grammatical point and one sentence pattern; no context is given. New vocabulary, grammatical items, and accurate pronunciation are the focus here. When previewing and reviewing the "Formation" section, the student practices making sentences as directed while listening to the tape. Only examples and cues are given in the book, not intended sentences; however, in the tape the sentences to be produced are also given. These patterns should be practiced repeatedly and indelibly committed to memory. In class, along with reproduction of the patterns and vocabulary, the aim should be for accurate pronunciation.

Study of the "Formation" section cannot be considered complete until the student can participate actively, accurately, and appropriately in the "Drill" and "Roleplay" activities.

「ドリル」 Each drill takes the form of a short conversation in a specific
DRILL: context. The underlined words are to be replaced by a vocabulary item or expression selected from the box below. Through this activity the student learns to choose an item appropriate to a given context. New vocabulary and new grammar items from the "Formation" section are intensively drilled here, in context and with appropriate pronunciation and intonation. For self-study the student should practice these drills as much as possible with the tapes. In class the instructor may change the situations

given in the book to ones more familiar and relevant to the student, but this does not in any way diminish the importance of studying, as given, the vocabulary and expressions in the drills prior to class.

「ロールプレイ」 **ROLEPLAY:** Each roleplay presents familiar situations in which the language the student has learned up to that point may be used in real-life situations. Two students perform specific tasks as directed by the role cards, using vocabulary and grammatical items not only from the current lesson but from all the lessons previously studied. Since the roleplay is to be acted out spontaneously, a different conversation should result when the same roleplay is acted out by different students. Model roleplays are provided at the end of the book for students in need of help and encouragement, but it must be remembered that these are only models, representing several of many possibilities; they are not to be seen as restricting the content of the roleplay in any way. Since one of the goals of this textbook is for students to become familiar with usage that is appropriate to specific situations and given interpersonal relationships, the model roleplays are given in both informal and formal speech styles. For the informal styles (following this symbol, ☆★☆), examples of female and male speech are also included. The importance of appropriateness to context is strongly emphasized in this activity. Successful performance of roleplays is a sign that the material covered in the lesson has been mastered.

Grammar Notes

Grammatical items introduced in the "Listening and Speaking" section are explained here. Each grammatical item or pattern offered for discussion is highlighted in a boxed area. Meaning, function, and other relevant points necessary for the creation of accurate sentences are discussed. Japanese examples of usage are followed by English equivalents. Useful linguistic and cultural information is occasionally provided in "Usage Notes." Grammar and usage notes should be carefully read before and after class in order to gain a full appreciation of how the Japanese language is structured. It is of utmost importance that the material in each lesson be thoroughly understood before preceding to the next.

Reading

READING PASSAGE: Each lesson features a commonly encountered type of reading material or category of writing. The type is specified in the beginning of each lesson. Both vertical and horizontal printed materials and handwritten realia are used. The topic of each section is based on the vocabulary, grammatical items, and functions introduced in "Listening and Speaking." Vocabulary not introduced in "Listening and Speaking" is listed below the reading passage with English equivalents.

Before starting the "Reading" section of Lesson 1, the student must be familiar with the kana script, which is covered in "Getting Started." In addition, since each lesson introduces new kanji, students should study those kanji in the "Writing" section before attempting the reading passage.

「読む前に」 **BEFORE** **READING:**	Here the topic and the format of the reading passage are introduced. It is best to go through this part before reading the passage.
「質問」 **COMPREHEN-** **SION CHECK:**	To confirm their understanding of the passage, students should go over the exercise in the "Comprehension Check" before and after class.
「書きましょう」 **WRITING** **ACTIVITY:**	This part presents two activities: 1) writing the same type of passage and 2) writing some type of reaction or response in keeping with the content of the reading passage.
「話しましょう」 **SPEAKING** **ACTIVITY:**	Here the student is encouraged to discuss the topics introduced in the lesson or to conduct interviews of other students.

Writing

This section consists of four parts: "Let's Learn the Readings," "New Kanji," "Writing Practice," and "Reading Practice." The "New Kanji" section introduces 245 kanji (corresponding to the kanji required in the Japanese Language Proficiency Test, Level 3); another 155 kanji are introduced in "Let's Learn the Readings." A total of 400 kanji are thus introduced in the 30 lessons comprising the three volumes.

「読み方を覚えま しょう」 **LET'S** **LEARN THE** **READINGS:**	A number of words written in kanji are introduced here. The section includes all the vocabulary items using kanji that were introduced in the "New Kanji" section as well as 155 additional kanji. All the words here are needed for reading Japanese at a basic level.
「新しい漢字」 **NEW KANJI:**	245 kanji and one repetition symbol are introduced in the charts here.

— New Kanji

「くん」「おん」 **KUN-READING, ON-READING:** Kanji can be read in two ways. One is called the kun-reading, which is Japanese in origin, and the other is the On-reading, which is Chinese in origin. Although the chart does not contain every possible reading, it has all the readings necessary for most tasks at a basic level.

「いみ」 **MEANING:** The meaning of the kanji are given in English.

「かきじゅん」 **STROKE ORDER:** This part shows the order of the strokes used to write each kanji. The fundamental rule is that stroke order proceeds from left to right and/or from top to bottom.

「れんしゅう」 **PRACTICE:** Here, the writing of kanji can be practiced, emulating the model and following the correct stroke order.

「ことば」 **WORDS:** Here are listed some of the words formed with the kanji in question; while some have already appeared in the main text, other words of a very basic nature are given here for the first time. English equivalents are shown at the bottom.

「書く練習」「読む練習」 **WRITING PRACTICE, READING PRACTICE:** In "Writing Practice," students practice writing the kanji that appear in the "New Kanji" section. In "Reading Practice," students practice reading the kanji introduced both in "New Kanji" and in "Let's Learn the Readings." For the writing exercises, students should make photocopies as needed of the pertinent pages and write on them rather than directly in the book.

Each volume contains an index by reading of all the kanji introduced in the 30 lessons. This book adheres to the current standards for Japanese script. However, in order to facilitate study by non-Japanese students, certain nonstandard but widely used elements have been incorporated.

About Kanji Usage

In principle, single kanji and kanji compounds appear with subscript readings in hiragana (called 'rubi') until they have been introduced for study in a particular lesson; thereafter, the rubi are omitted. In the case of kanji compounds, rubi is given for the whole compound even if one of the characters has already been learned; the rubi are only dispensed with after both kanji in the compound have been studied. Proper nouns and other words which are commonly written in kanji in the real world, but which are not studied in *Japanese for College Students: Basic,* are given in kanji with rubi attached. For the student's benefit, all the kanji in the Grammar Notes appear with rubi.

Romanization and 'Wakachigaki'

For romanization, a modified version of the Hepburn system is used: e.g., [aa] indicates a long vowel, [itte] represents double [t] sounds, [n] is the syllabic nasal. Lessons 1 through 10 are written in 'wakachigaki', that is, with spaces between words and phrases for ease of reading. In normal text, there are usually no such spaces.

Cassette Tapes

Cassette tapes are available for study with *Japanese for College Students: Basic.* These tapes play a crucial role in the learning of Japanese, and students are encouraged to make the utmost use of them. They include the "Listening and Speaking" sections of Lessons 1-30, in addition to the "Getting Started" section in Volume 1. "Getting Started" includes a syllabary of sounds. The aim of this section is to familiarize students with the sounds of the Japanese language and to help students learn some simple phrases and expressions that are extremely useful in everyday life. It is important here to pay particular attention to accent and intonation. While accent and intonation are not indicated in the written text of the book, students may refer for help to the vocabulary lists at the end of the book, where accent is marked over every word.

After "Getting Started," the tapes proceed to the "Formation" and "Drills" sections of each lesson. "Formation" consists of a cue (to the left of the arrow [→]) and an expression to be produced on the basis of the cue (to the right of the arrow in the example). The portion of the example to be replaced by the student (i.e., the object of substitution) is underlined. In the textbook, the expression that is to be produced from the cue is not given, so it is impossible from the text alone for students to know if they have produced the correct expression. In the tapes, however, the correct expression is given so that students can know if the expression they have produced is the correct one. It is best to conduct the "Formation" exercises with the book closed.

The "Drills" consist of dialogues between two parties, A and B. The words or expressions to be provided by the student are chosen from the boxed area below the exercise. There may be more than one correct answer. Although a number of combinations are possible, only one is given in the tape as correct. Other possible substitutions can be given in class, to be checked by the instructor for accuracy. The textbook should be kept closed except for the "Drills" that make use of illustrations, of which there are a good number.

この本を使う人のために

この教科書は、初めて日本語を学ぶ学生のためのものです。学生として日常生活のさまざまな場面で必要な言語活動─聴き、話し、読み、書き─ができるようになることを目指しています。

そのために、文法の規則を学び、それを現実に機能させる練習を行い、正確かつ適切な運用能力を身に付けるように編集してあります。四技能を身につけることを目標としていますから1課からかな・漢字で表記しています。1課を始める前にGETTING STARTEDでひらがな・かたかな表記を紹介しています。

聴き・話しのセクションは日本語表記でなされていますが目標がこの2つの技能の習得なので、自習においては音声テープを、授業においてはオーラルを基本にした練習を行う、つまり、本を開いて読みながら口頭練習をしないことを前提にしています。

この教科書は初級日本語を第1巻、第2巻、第3巻の3つに分け、各巻を10課で構成しています。第1巻では、自分のことや身の回りのこと、第2巻では、他の人と接触する場面を、第3巻では、社会的な場面や公的な場面の中で学生が経験するであろう場面を取り上げています。

各課は LISTENING AND SPEAKING（聴き・話し）、GRAMMAR NOTES（文法）、READING（読み）、WRITING（書き）のセクションから成り、各セクションは次のように構成されています。

LISTENING AND SPEAKING 聴き・話し

OBJECTIVES： その課の目標が書いてあります。学習を始めるに当たって、ここで何ができるようにするのかを理解しておくことは、学習を効果的にします。

POINTS： その課で学習する言語活動を機能別にあげた項目です。課の目標を達成するために、学習しなければならないことがあげてあります。課の学習を始める前に目を通しておきましょう。また課の学習を終えたときに、確認のチェックをしてください。

SENTENCES： その課の文法面での学習項目を点線を付けて提示し、簡単な文の形で示しました。学習を始めるに当たって、目を通して学習の準備をしておきます。また復習するときは、チェック・リストとして使うとよいでしょう。

EXPRESSIONS： フォーメーションで置き換え練習をする SENTENCES の文とは別に、その課のドリルにでてくる表現・終助詞・接続詞・接続助詞・副助詞・間投詞・短縮形などを会話をスムーズに行うために必要な表現としてまとめました。表現には対訳がついています。この項目がない課もあります。

フォーメーション： 文型や語彙を身に付けるための練習で、発音や文法の正確さを目指します。ドリル・ロールプレイをスムーズに行い、これらの活動の目的を達成するための大切な基礎練習です。学習する文型が与えられたキューからどのように作られるかが例に示されています。例の中の矢印（→）の左側がキューになっており、右側が作られる文で、練習する時に置き換えるところを下線で示してあります。予習・復習などの自習の時には音声テープを聴きながら例にならって文を作る練習をします。教科書には例とキューのみが与えられ、作られる文は示されていません（矢印の右側には何も書いてありません）が、音声テープには作られる文もはいっています。

フォーメーションは置き換え練習の形をとっています。機械的な練習ですが、学習者は積極的に自習をすることが必要です。授業では文型や語彙の定着をはかるとともに発音の正確さを目指します。なお、フォーメーションの番号は SENTENCES の番号と呼応しています。

ドリル： フォーメーションは文単位の練習ですが、ドリルは対話の形とし、教室内でのインターアクションを重視しています。基本的に A と B 二人の短いやりとりの形を提示し、置き換え可能な部分を下線で示しています。枠で囲んだ与えられたキューの中から適切なものを選び、下線部分を置き換えて練習するようになっています。これは、実際の場面で、学習者が自分で判断し、適切な言葉や表現を選んで応答できるようにするためです。教室で練習するときは、教科書を見ないで、より現実の場面に近い状況で行うほうが効果があります。ですから授業の前に必ずドリルで使われている表現や言葉を勉強しておくことが必要です。

ロールプレイ： ロールプレイはその課の学習の仕上げと考えてよいでしょう。学習した言葉や文型、表現を総動員して、OBJECTIVES で示されたその課の目標を達成できたかどうか、どの程度できるかを総合的に見ることができます。ロールプレイが上手にできれば、その課の学習を修了したといえます。

コミュニケーションを適切に行えるようにするためには、早い時期から場面や人間関係に適した言葉の使い方に慣れることが大切ですから、インフォーマル（☆★☆のマークで示す）とフォーマルの会話の例をのせました。インフォーマルの場合、男女の言葉の異なるものは女性形／男性形の順で一つの例を示しました。このモデル会話に出てくる EXPRESSIONS はその下に対訳とともにあげられています。これらはあくまでもモデル会話なので巻

末にまとめて提示してありますが、それを参考にしてペアになった相手と自発的に適切な会話を作り上げるようにするとよいでしょう。その際まだ学習していない語彙や表現などが必要な場合には先生が提示します。

GRAMMAR NOTES 文法

聴き・話しのセクションで導入された文法項目の説明をしています。
まず、基本的な文型を枠で囲んで示し、その文型の意味とそれがどのような言語機能を果たす目的で使われるのか、また特に注意しなければならない点を説明しています。その後ろに例文を対訳つきで提示しています。時に言語を運用する際に必要な言語的・文化的情報が USAGE NOTES として与えられています。学習する前後によく読んで理解し、分からないところは先生に聞いて明確にしておきます。

READING 読み

本文：	各課の聴き・話しセクションの文法項目、語彙と関連づけて、日常生活で実際に目にする読み物の形式（ジャンル）や縦書きと横書き、印刷と手書きといった様々な書き方の読み物が入るよう配慮してあります。また、本文に使われている漢字は各課で新しく導入される漢字に準拠しているので、本文を読み始める前に漢字の学習をしておく必要があります。
「読む前に」：	その課のトピックと文章形式を理解します。
「質問」：	ここにある項目を使いながら本文の内容の確認をします。
「書きましょう」：	その課で扱うトピック、形式、および機能にあわせて、同じような文章を書いたり、または、本文の内容に応じて返事などを書いたりします。
「話しましょう」：	本文で扱っているトピックについてクラス内で話したりインタビューしたりします。

WRITING 書き

「読み方を覚えましょう」「新しい漢字」「書く練習」「読む練習」の４つのパートから成っています。30課まで修了すると、日本語能力試験の３級で扱う245字が書けるようになり、その他155字が読めるようになります。つまり、合計400字の習得を目標としています。
次に、それぞれのパートを解説します。

読み方を覚えましょう： 「新しい漢字」に出てくる漢字を使った語彙を先に紹介したり、「新しい漢字」にない155字の漢字を使った初級語彙を紹介します。その言葉と読み方と意味が書いてあるので、覚えながら新しい漢字語彙を増やします。

新しい漢字：　漢字表を使って、245字と繰り返し符号「々」を紹介し、書く練習ができるようになっています。

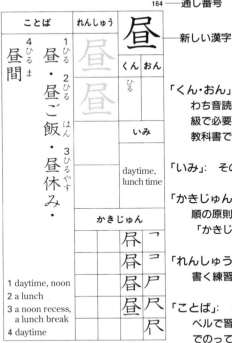

164 —— 通し番号

昼 —— 新しい漢字

「くん・おん」：　漢字の読み方には、「くん」すなわち訓読みと、「おん」すなわち音読みがありますが、その全てをここで紹介してはいません。特に初級で必要と思われる読み方（日本語能力試験の3級で出てくる語彙とこの教科書で扱われている語彙の読み方）だけをのせています。

「いみ」：　その漢字の意味を英語で示しています。

「かきじゅん」：　その漢字を書く順番、すなわち書き順を示しています。書き順の原則である「左から右に書く」「上から下に書く」を基本にし、この「かきじゅん」の表を見て書き方の独習をすることができます。

「れんしゅう」：　すぐ右にある手本の漢字と書き順を見ながら、その漢字を書く練習ができます。

「ことば」：　このテキストの他の部分で使われている語彙や、一般的に初級レベルで習う語彙が紹介されています。下の方にはその言葉の意味が英語でのっています。

書く練習・読む練習：　「書く練習」では「新しい漢字」の漢字を書く練習ができ、「読む練習」では「読み方を覚えましょう」や「新しい漢字」の言葉を読む練習ができます。同じ漢字や語彙が何回か出てきますが、より重ねて練習するためには、このページをコピー（あるいは拡大コピー）などしておくとよいでしょう。

なお、各巻巻末に書きセクションの索引がついていますが、それは第1巻から第3巻までで紹介される漢字の全ての読み方に基づいた音訓索引となっています。この教科書は現行の国語表記の標準に従いました。しかし外国人学習者への教育的な配慮に基づいて慣用的なものも採用しています。

ABOUT KANJI USAGE 漢字表記

聴き・話しセクションの漢字表記は原則としてその課よりあとに紹介される漢字語彙にルビをつけましたが、その漢字語彙にふくまれる漢字がすべて紹介された時点でルビははずされます。未習の漢字をふくむ固有名詞や慣用的に漢字で表記される語彙についてはルビをつけて漢字で表記しました。なお文法は学習者の便宜をはかるため30課までのすべての漢字にルビをつけました。

ROMANIZATION AND 'WAKACHIGAKI'
ローマ字表記とわかち書きについて

　ローマ字表記は原則として修正ヘボン式を採用しています。例えば長音は母音を重ねて [aa] とし、促音は子音を重ねて [itte]、撥音は [n] としました。
　この教科書では1課から漢字仮名交じり文で表記していますが、第1巻（1課から10課）は、わかち書きにしてあります。

CASSETTE TAPES オーディオテープについて

　前にも述べましたが、この教科書での学習には積極的なテープの利用を勧めます。テープには GETTING STARTED と全30課の LISTENING AND SPEAKING の部分が入っています。
先ず、GETTING STARTED では五十音図と日常生活に役に立つ表現を学びながら、日本語の音が練習できるようになっています。第1課に進む前に、ここで十分発音やイントネーション、アクセントなどの練習をしておきます。なお、教科書の本文にはイントネーションやアクセントは表記はされていませんが、巻末の語彙リストにはアクセントが表記されています。
GETTING STARTED に続く第1課から第30課にはフォーメーションとドリルが入っています。フォーメーションではそれぞれの学習項目が例を使ってキュー（→の左側）と作られるべき表現（→の右側にあり、置き換え部分に下線が付いています）で提示され、続いて置き換え練習ができるようになっています。教科書の練習の箇所には作られるべき表現は書いてありませんが、テープには入っていますから、まずキューを使って自分で言ってみてから、テープの答えを聞き、正確にできたかどうかチェックするといいでしょう。Listening と Speaking の能力を高めるためにフォーメーションは教科書を閉じて練習することを進めます。ドリルの置き換え部分はフォーメーションと同様に下線が付いています。それぞれのドリルのキューの箱から適切なものを選んで下線部分に置き換えます。いくつかの組み合わせが可能で、答えが1つとはかぎりません。ですから、テープにはモデルとして教科書に提示されている短い会話のみが入っています。また、ドリルにはイラストを使ったりしながら練習するものも多く、その場合は教科書を開いて必要な箇所を見ながら練習します。

Some Basic Features of the Japanese Language

Japanese has a number of structural features that it shares with many other languages throughout the world but which are not present in English or the languages of Western Europe. A brief outline of these features is provided here so that students who native tongue does not possess these characteristics can better grasp the grammatical points introduced throughout this course.

1. The headword of a phrase generally comes in the final position. This means that (a) objects, adverbs and adverbial phrases precede the verbs or adjectives they belong to (that is, Japanese is an SOV (subject+object+verb) language rather than an SVO language like English); (b) adjectives and clauses precede the nouns they modify; and (c) noun phrases precede relational particles (that is, Japanese has postpositions rather than prepositions like English).

2. Verbs have complicated conjugations marking tense and aspect. There are two types of adjectives: those that are marked for tense and aspect like verbs, and those that behave rather like nouns. Nouns and noun-like adjectives are accompanied by a copula when used as predicates.

3. In addition to being analyzable as subject and predicate, sentences can typically be broken down into topic and comment. The topic, marked by the particle 'wa', is usually found in the initial position of a sentence or a sequence of sentences.

4. There is no obligatory distinction between singular and plural nouns. Numbers are normally combined with a classifier that categorizes the object being counted.

5. There is an elaborate system for marking speech styles. Utterances may be plain or polite, according to the situation; the style is determined by suffixes being added to the predicate. Honorific forms, which may be markers or distinct words, express respect for those of a higher social status than the speaker.

6. The predicate is the only sentence component that must be present. Other components, including topics, subjects, and objects, can be omitted whenever the speaker considers them to be understood from context. In addition, implied meaning is often given priority over direct statement, making an understanding of context doubly important.

7. Events tend to be described as situations rather than as actions performed by persons: for example. normal Japanese would call for 'Fuji-san ga mieru' ('Mt. Fuji is visible') rather than 'Fuji-san o miru koto ga dekiru' ('I can see Mt. Fuji').

8. The basic unit of rhythm in standard Japanese is the mora, which has a time value equal to a short syllable. Each mora has a pitch accent of either high (H) or low (L), which is determined at the word level.

In contrast to English, in which stressed syllables tend to be elongated, both high and low syllables in Japanese are perceived to have approximately the same length. This is also true of special moras: long vowels (e.g., to-o-kyo-o, of four moras), syllabic nasals (e.g., ni-ho-n-go, of four moras), and doubled consonants (e.g., i-t-ta, of three moras).

For all words, the second accent is low if the first is high, and vice versa. For instance, consider the pitch of nouns when accompanied by the particle 'ga'. Two-mora nouns + 'ga' have the patterns LHH (e.g., あれが), LHL (e.g., やまが), and HLL (e.g., じしょが); three-mora nouns + 'ga' have LHHH (e.g., なまえが), LHHL (e.g., やすみが), LHLL (e.g., あなたが), and HLLL (e.g., なんじが).

In this book, accent is indicated in the appendix "New Vocabulary and Expressions." On the separately available tapes, natural rhythm, pronunciation, accent, and intonation are recorded for repeated listening. Making use of these materials, students should achieve considerable accuracy in the spoken language.

The Writing System

Japanese Script

A number of different scripts are used in the Japanese language: Chinese characters ('kanji'), 'hiragana', 'katakana', the Roman alphabet ('roomaji'), and various types of numbers (Chinese, Roman, and Arabic). Kanji are Chinese in origin and came to be used as Japanese script in the fifth century, and were thereafter augmented by the creation of new kanji by the Japanese.

At the beginning, kanji were the only script available for writing Japanese, but later two phonetic scripts—hiragana and katakana (collectively called 'kana')—were created on the basis of the shapes of selected Chinese characters. Both of these scripts are phonetic, but they differ from phonetic alphabetic scripts in that they represent not individual sounds (phonemes) but syllables. Japanese is commonly written with a combination of kanji and these two kana scripts.

Japanese was first romanized, or written with the Roman alphabet, by Western missionaries in the fifteenth century. Romanized Japanese is called 'roomaji'.

The function of each script in contemporary Japanese may be summarized as follows:

a. Kanji are used for writing nouns and the stems of verbs and adjectives, that is, content words.
b. Hiragana, which were created from cursive forms of kanji, are used to write indigenous adverbs and grammatical function words such as particles and the inflections of verbs and adjectives.
c. Katakana, which were created by extracting a part of a kanji character, are used to write loanwords, foreign names, onomatopoeia, and the scientific names of flora and fauna, thus making these words stand out in the main body of text consisting of hiragana and kanji; in this usage, katakana is similar to italics in English.
d. Roomaji are used for transcribing Japanese sounds (phonemes) as well as those of other languages. The use of roomaji is far from being limited to signboards and literature intended for foreign visitors in Japan. It is often used in the design world for effect.

Next, let us take a brief look at the structure, reading, and meaning of kanji.

Kanji can be categorized structurally into four types and functionally into two. The first structural type is the ideograph. Kanji began as pictorial representations of natural objects, such as mouth (口), tree (木), sun (日), and fish (魚). All scripts throughout the world began in this way, including the Roman alphabet, but at present only kanji remains in use.

To represent abstract concepts such as up, down, and middle, the second structural type was created. In this type, lines in the kanji pointed 'up' (上) or 'down' (下) or passed through the 'middle' of a box (中) to convey the intended meaning; a short line intersecting the trunk of a tree (本) meant 'source'.

A third structural type consisted of combining individual ideographs to form new characters. For example, the character for 'tree' (木) could be doubled (林) to make 'woods' or tripled (森) to make forest, or 'sun' (日) could be overlapped with 'tree' to create the image of the sun rising behind a tree (東), producing the meaning 'east'.

Combining ideographs had clear limitations, however, which led to the invention of the fourth structural type. This type combined a pictorial character with another character that had developed strong associations with a certain sound. The chief characteristic of this structural type is the fact that the pictorial element represents the meaning (this part is called the 'radical' [部首 'bushu']) and the other element the pronunciation. The character 語 is an example of this type. The radical, on the left, represents the meaning 'language', while the part on the right gives the sound, 'go'. Another example of this structure is 悟 ('enlightenment'), with the abbreviated radical for 'heart' on the left suggesting the meaning and the reading 'go' on the right giving the pronunciation. This type of kanji proved so effective that it now accounts for over eighty percent of all kanji.

With the above, the various ways of creating new kanji were exhausted. However, in case of need, there were still ways in which new meanings could be attached to already existing kanji, alluded to earlier as the two functions or uses of kanji. One way was association by meaning. For example, the character 楽 in the compound 音楽 means 'music', and from the association of music with the joy of listening to music, the character 楽 was given the meaning 'enjoyable'.

Another way of attaching new meanings occurred when two spoken words had identical pronunciations but only one of them possessed a kanji with which it could be written. The word having no kanji simply adopted the kanji of its homonymic counterpart, regardless of any differences in meaning. An example of this is 来, the original meaning of which was 'wheat' but whose later, now more common, meaning is 'come'. This method of association by sound rather than meaning was also adopted for transcribing loanwords by means of kanji, an example of which is 亜米利加 'Amerika'.

This is basically the form kanji had assumed when taken up for the transcription of Japanese. Due to differences in the pronunciation and grammar between Chinese and Japanese, however, kanji in Japan underwent some changes.

These changes concern the readings, or pronunciation, applied to the kanji. One type of reading is called the 'on' reading, which is the pronunciation given the kanji when it is read as a Chinese word (or, more accurately, as it is read when a Japanese emulates Chinese pronunciation). Single kanji and kanji compounds which are read in this way are referred to as 'kango', or Chinese words (lit., 'Han words'). An example is 人 ('jin', person). Some kanji have more than one 'on' reading (人 is also read 'nin') because Japanese picked up a variety of readings from different dialectical regions of China and in various historical eras.

The other reading is called the 'kun' reading, which is the meaning of the kanji as translated into native Japanese, or 'wago' (lit., 'Yamato words'). An example is 人 ('hito', person), which uses the same kanji as the kango 'jin' but is read as a native Japanese word.

Turning now to katakana, it was mentioned earlier that katakana is used to write loanwords, of which there are a great many in the Japanese language, as there are in English. During the Meiji period (1868-1912) there was a great influx of loanwords, but most were rendered into Japanese equivalents, often as kanji compounds. Today, however, perhaps because of the speed, volume, and variety of loanwords making their way into the language, there is a strong tendency to render them phonetically into katakana, keeping the pronunciation as close as possible to the original.

Overall, modern Japanese script consists basically of a combination of kanji, hiragana, and katakana. The Ministry of Education has established standards for their use, in particular for official documents, newspapers, and television. The teaching of Japanese script in elementary and middle schools also follows the Ministry's directives. 1,945 kanji have been established by the Ministry to be learned during the years of compulsory education. These are the so-called 'Jooyoo Kanji' (lit., Common Use Kanji) and are considered the minimum number needed to read present-day newspapers, magazines, and contemporary literature. 1,006 of these kanji are learned in elementary school and the remaining 939 in middle school. An additional 284 kanji, along with the Jooyoo Kanji, are available for use in personal names.

Aside from these standards, there are few overriding restrictions at a popular level on how a certain word must be written, whether in kanji or in one of the kana syllabary. There is considerable room for individual choice in a wide variety of writing activities. According to time and place, a person may write the same word in different ways without being rigidly consistent. In this respect, Japanese script stands apart from English and European scripts, where the correct spelling of words is more or less fixed.

In conclusion, a few words might be said about the role that kanji play in the transcription of Japanese, particularly in light of the burden that the complexity of kanji places on the student. For over 1,500 years, kanji have been recognized as a Japanese script, and they continue to be employed today as a matter of course. True, there are some Japanese who feel that kanji should be abandoned in favor of the exclusive use of hiragana and katakana, and there are others who champion the Roman alphabet. Nevertheless, the overwhelming opinion is that kanji are indispensable in expressing through writing the multifaceted aspects of Japanese culture.

Among students of the Japanese language, there are many who find kanji to be a formidable and unwelcome barrier, while there are others who have taken up the study of Japanese precisely because of a fascination with kanji. For these latter students there is a certain satisfaction and even joy in unraveling the meaning and reading of individual kanji as they become familiar with the shapes and structures out of which kanji are formed. Perceiving how one kanji changes in meaning when combined with another is a further source of intellectual satisfaction. All students are encouraged to take this curious-minded, puzzle-solving approach; it makes the study of kanji so much more interesting and rewarding.

It is the hope of the authors of this book that students will familiarize themselves with kanji from the earliest possible stage in their study of the language, so that they can more easily make use of kanji in whatever occupation or walk of life connected with the Japanese language that they choose to undertake. That is the reason kanji have been introduced from the very first lesson of *Japanese for College Students: Basic* and presented so that groups of kanji with associated meanings can be learned and put into practice in the most efficient possible way.

Vertical Versus Horizontal

Japanese is generally written and printed from top to bottom, the lines running from right to left, with the exception of publications and papers that deal with science, mathematics, foreign languages, et cetera. Recently, however, horizontal handwriting has achieved some popularity among young people. In this book, horizontal writing is used in the main text, and vertical writing in the "Reading" and "Writing" sections.

ABBREVIATIONS AND TERMINOLOGY

Adj	=	adjective (e.g., 'ookii', 'takai')
Adj'l	=	adjectival; a word or phrase that has an adjective-like function (e.g., 'Tanaka-san wa <u>se ga takai</u> desu' "Mr. Tanaka is tall").
Adv	=	adverb (e.g., 'yukkuri', 'itsumo')
Adv'l	=	adverbial; a word or phrase that has an adverb-like function (e.g., 'dono kurai', 'moo sukoshi')
Agent	=	doer of an action
AN	=	adjectival noun (e.g., 'genki', 'hima')
Aux	=	auxiliary verb; verb used with a preceding verb (e.g., 'tabete <u>iru</u>')
Conj	=	conjunction
copula		a verb that identifies the predicate of a sentence with the subject (e.g., 'da', 'desu')
CV	=	consonant verb; verb whose stem ends in a consonant (e.g., ka<u>k</u>-u, yo<u>m</u>-u, hana<u>s</u>-u)
Dem. M	=	demonstrative modifier (e.g., 'kono', 'sono', 'ano', 'dono')
Dem. Pro.	=	demonstrative pronoun (e.g., 'kore', 'sore', 'are', 'dore', 'koko', 'soko', 'asoko', 'doko')
Exp	=	"Expressions" section
GN	=	"Grammar Notes" section
Interj	=	interjection
IV	=	irregular verb (e.g., 'suru', 'kuru', 'benkyoo suru')
N	=	noun
nominalizer		a noun which changes a sentence into a noun (e.g., 'no' and 'koto' in the following: 'Supootsu suru <u>no</u> ga suki da', 'Kanji o kaku <u>koto</u> ga dekiru')
P	=	particle (e.g., 'wa', 'ga', 'o', 'e', 'de', 'ni', 'kara')
Plain		the plain or dictionary form of copulas, adjectives, and verbs (e.g., 'da', Adj-i, V-(r)u)
Polite		the polite form of copulas, adjectives, and verbs (e.g., 'desu', Adj-i desu, V-(i)masu)
pn	=	proper name/noun

Predicate	The four types of predicates are N + da, AN + da, Adj-i, V-(r)u
Pref	= prefix (e.g., 'o' in 'obenkyoo')
Quant	= quantifier
Ques	= question word
S	= sentence
Stem	= Adj-, V- (e.g., ooki- of 'ookii', taka- of 'takai', tabe- of 'taberu', kak- of 'kaku')
Subject	a noun which is normally followed by the particle 'ga'
Suf	= suffix (the inflectional ending of verbs: e.g., tabe-sase-ru, tabe-rare-ru)
Topic	the particle 'wa' indicates that the preceding word/phrase is the topic of the sentence (e.g., Tanaka-san wa hon o yomu)
V_i	= intransitive verb; a verb which does not take a direct object (e.g., 'Tanaka-san ga kuru')
V_t	= transitive verb; a verb which takes a direct object (e.g., 'Tanaka-san ga hon o yomu')
VV	= vowel verb; a verb whose stem ends with a vowel (e.g., tabe-ru, mi-ru)

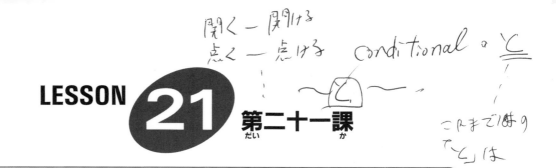

LESSON **21** 第二十一課(だいにじゅういっか)

LISTENING AND SPEAKING

Objectives

Giving a speech about oneself
Explaining how to use something in proper sequence

Points

- talking about one's background and future plans
- explaining how to use something
- describing situations and results

Sentences

1　（わたしは）まどを開けます。

　　まどが開きます。

2　暑いので、まどが開けてあります。

　　ジムさんの部屋のまどが開いています。

3　夏になると、みんな海や山に行きます。

Expressions

1　早くかぜがなおるといいですね。　　I hope you get over your cold soon. （フォーメーション４-２）

2　Ｂさんは、出身(しゅっしん)はどちらですか。　　Where are you from, B? （ドリル　Ｉ-１）

3　日本に来てどのくらいになりますか。　　How long have you been in Japan? （ドリル　Ｉ-２）

29

1 Expanding information about oneself

例）（わたし）、カナダのオタワ、生まれた

→ （わたしは）カナダのオタワで生まれました。

1) オタワ、カナダの東、ある　→

2) オタワの人口、〜の（人口）、約〜ばいだ　→

3) カナダ、ゆたかな自然、有名だ　→

4) （わたし）、いなか、そだった　→

5) （わたし）、1989 年 6 月、高校、卒業した　→

6) （わたし）、1989 年 9 月、大学、入学した　→

7) （わたし）、本屋、働いたことがある　→

8) （わたし）、コンピュータの会社、しゅうしょくしたいと思っている　→

9) （わたしの）趣味、音楽を聞くことだ　→

2 Transitive verbs vs. Intransitive verbs

例）開ける：開く　→　（わたしは）まどを開けます。

　　　　　　　　→　　　　　　　まどが開きます。

1) 閉める：閉まる　→　（わたしは）ドアを（　　　　）。

　　　　　　　　　→　　　　　　　ドアが（　　　　）。

2) つける：つく　→　（わたしは）電気を（　　　　）。

　　　　　　　　　→　　　　　　　電気が（　　　　）。

3) 消す：消える　→　（わたしは）テレビを（　　　　）。

　　　　　　　　　→　　　　　　　テレビが（　　　　）。

4) 入れる：入る　→　（わたしは）辞書をかばんに（　　　　　）。

　　　　　　　　　→　　　　　　　辞書がかばんに（　　　　　）。

5) 止める：止まる　→　（わたしは）車を（　　　　）。

　　　　　　　　　→　　　　　　　車が（　　　　）。

3-1 Describing a state

例）まどが開く　→　まどが開いています。

1) 電気がつく　→

2) 辞書が入る　　　　→

3) まどが閉まる　　　→

4) 車が止まる　　　　→

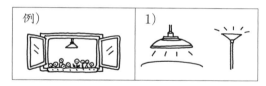

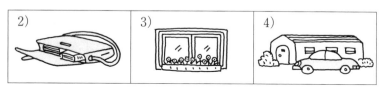

3-2　A state which has been brought about

例) 暑い：まどを開ける　→　<u>暑い</u>ので、<u>まどが開けて</u>あります。

　　1) 暗い：電気をつける　→

　　~~2) よく使う：辞書をかばんに入れる~~　→　　悪文。Agent、前半でははっきり。

　　3) 車の音がうるさい：まどを閉める　→　　後半はagent不明、ずれ。

　　4) すぐ出かける：うちの前に車を止める　→

4-1　Stating the general/inevitable/habitual consequence of an action or situation

例) 夏になります：みんな海に行きます　→　<u>夏になると</u>、<u>みんな海に行きます</u>。

　　1) 毎朝8時半になります：図書館が開きます　→

　　2) このボタンを押します：ドアが閉まります　→

　　3) 夜おそくまで勉強します：次の日ねむいです　→

　　4) 春になります：あたたかくなります　→

　　5) まっすぐ行きます：駅があります　→

4-2　I hope/wish ～

例) 早くかぜがなおります　→　<u>早くかぜがなおる</u>といいですね。

　　1) いい仕事が見つかります　→

　　2) 試験がむずかしくありません　→

　　3) あした雨が降りません　→

　　4) 天気がいいです　→

　　5) プレゼントは時計です　→

Ⅰ-1 Talking about birthplaces

A：Bさんは、出身はどちらですか。

B：カナダのオタワで生まれてトロントでそだちました。

A：ああ、そうですか。オタワはどんな所ですか。

B：みずうみで有名です。けしきのいい所ですよ。

A：きこうはどうですか。

B：オタワは北にあるから、冬はとても寒くて、雪も多いです。

Ⅰ-2 Talking about one's school, studies, and hobbies

A：Bさんは、学生ですか。

B：はい。去年の6月に高校を卒業して、9月に○○大学に入学しました。

A：日本に来てからどのくらいになりますか。

B：4か月です。

A：専攻は？

B：国際経済です。将来、銀行にしゅうしょくしたいと思っています。

A：そうですか。ところで趣味は？

B：音楽を聞くことです。スポーツも好きですよ。

> Provide information about yourself.

Ⅱ Describing situations and results

A：すみません。このワインを開けてくれませんか。

B：開きませんね。　　　　B：はい、開きましたよ。

> 時計を直す　　　　電気をつける
>
> まどを閉める　　　この本をかばんに入れる

Ⅲ　Explaining an action and its consequence

A：このボタンを押すと、どうなりますか。

B：ドアが開きます。

このスイッチを入れる	動く	音楽が聞こえる
このスイッチを切る	電気がつく	きかいが止まる

Ⅳ　Asking for and giving directions

A：東京ディズニーランドへ行きたいんですが、どう行ったらいいでしょうか。

B：ああ、その改札口を出て、右に行ってください。
　　まっすぐ行くと、左にディズニーランドの入口が見えます。
　　すぐわかりますよ。

A：改札口を出たら、右ですね。ありがとうございました。

Make up your own situation.

Ⅴ　Wishing

A：週末はどうしますか。

B：<u>ディズニーランドへ行く</u>んです。

A：そうですか。<u>こまない</u>といいですね。

友だちと映画に行く	おもしろい
テニスをする	雨が降らない
ハイキングに行く	いい天気だ
図書館にしりょうをさがしに行く	見つかる

Ⅵ-1　Checking preparations for a party

A：<u>飲み物</u>は<u>買い</u>ましたか。

B：ええ、もう<u>買っ</u>てあります。

食器	出す
ビール	ひやす
部屋	そうじする
まど	開ける
ケーキ	作る

Ⅵ-2　Describing a scene

A：<u>原宿</u>はどんなようすでしたか。

B：人がおおぜい来ていました。

それからおもしろい物を<u>売っ</u>ていましたよ。

[手書き注記：売ってある／売っている　買ってある／買っている]

（お）まつり	店が出る
パーティー	若い人が集まる
	音楽がかかる
	人が色々な国の服を着る

CARD A

I Talking about oneself

Introduce yourself to your new class-mates. Include name, birthplace, where you grew up, your background, hobbies, where you live, etc. Try to give a good impression of yourself.

CARD A

II Asking about/explaining a procedure

You are not familiar with mechanics. Ask another person how to use any of the following things:
① video recorder
② copy machine
③ card telephone
④ computer
⑤ word processor

CARD B

II Asking about/explaining a procedure

Your friend does not know how to use something. Explain the procedure.

CARD A

III Describing a scene

You were unable to attend a party or an event. You ask someone who did attend how it was.

CARD B

III Describing a scene

You had a chance to attend a party or an event. Explain in detail to someone who did not go how it was.

LISTENING
AND
SPEAKING

LESSON

21

第二一課

35

GRAMMAR NOTES

1. Pairs of transitive and intransitive verbs

1)

N_1 が	N_2 を	V_t -る	N_1 V_t N_2
N_2 が		V_i -る	N_2 V_i

In Japanese there are pairs of verbs in which one is a transitive verb (V_t) and the other is its corresponding intransitive verb (V_i). Generally speaking, the initial part of each verb of the pair is identical, but the rest varies.

Note that N_1 is the doer (agent) of V_t and that N_2, the object of V_t, is usually the subject of the corresponding V_i.

Transitive verbs		Intransitive verbs	
開ける	N_1 opens N_2	開く	N_2 opens
つける	N_1 turns on N_2	つく	N_2 comes on
閉める	N_1 closes N_2	閉まる	N_2 closes
止める	N_1 stops N_2	止まる	N_2 stops
消す	N_1 turns off N_2	消える	N_2 goes off
直す	N_1 fixes N_2	直る	N_2 gets repaired/cured
入れる	N_1 puts N_2 in	入る	N_2 goes in

ジョンさんは電気をつけました。
John turned the light on.

電気がつきました。
The light came on.

田中さんは家の前に車を止めます。
Mr. Tanaka stops/parks his car in front of the house.

家の前に車が止まりました。
The car stopped in front of the house.

2) A state resulting from a completed process, motion, or action

| N₂ が Vᵢ-ている | N₂ is in the state resulting from Vᵢ |

Some intransitive verbs take an agent as subject (L11 GN1-3, Vol. 2). On the other hand, the meaning of the intransitive verbs in this section denotes that there is no agent involved; thus, the intransitive verbs in this section take a nonagent as subject, and the sentence pattern denotes that N₂ is in a state resulting from the completed process, motion, or action of Vᵢ.

まどが開いています。
The window is open.

かばんに辞書が入っています。
There is a dictionary in the bag.

家の前に車が止まっています。
A car has stopped/is parked in front of the house.

3) A state which has been brought about

| N₂ が Vₜ-てある | N₂ is in a state which has been brought about by someone's Vₜ-ing |

This pattern, like the pattern N₂ が Vᵢ-ている, also denotes that N₂ is in a state resulting from the action Vₜ. Both patterns are overtly agentless; so in English the content of both patterns is often expressed with passive sentences.

This pattern differs from the pattern N₂ は Vᵢ-ている in two ways. First, verbs in the -て form are transitive and followed by the auxiliary verb ある. Second, the speaker is conscious of the existence of the agent although he does not directly refer to the agent in words.

暑いので、まどが開けてあります。
Because it is hot, (someone opened the window and) the window has been opened.

飲み物はもう買ってあります。
The drinks have already been bought. (As for the drinks, I bought them for the party.)

部屋がそうじしてあります。
The room has been cleaned. (Someone cleaned the room.)

2. Conditional (2): ～と、～。

1)

| S₁ plain non-past　と、S₂ | When/if/whenever S₁, S₂ |

The sentence particle と connects S₁ and S₂ as conditions and their general/inevitable/habitual consequences. This pattern corresponds to the English 'when/if/wherever ～'.

夏になると、みんな海に行きます。
When summer comes, everyone goes to the sea.

このボタンをおすと、ドアが閉まります。
If/When you push this button, the door will close.

ニューヨークに行くと、いつもブロードウェイでしばいを見ました。
Whenever I went to New York, I always saw a play on Broadway.

右にまがると、大きい建物が見えます。
(When you) turn right, you'll see a big (and tall) building.

When S₂ is in the past tense, S₁ and S₂ may also be connected as an action and its immediate or unexpected consequence.

席に着くと、ブザーがなりました。
When I got seated, (immediately) the buzzer went off.

まどを開けると、雪が降っていました。
When I opened the window, (unexpectedly) it was snowing.

Note that the predicate of S₁ has to be in the plain non-past form, and also that S₂ (the consequence) cannot be a request, imperative, or volition.

2) I hope ～

| S plain non-past　といいですね | I hope/wish S |

This pattern expresses the speaker's hope or wish. It literally means that 'It will be nice if S'. The sentence preceding といいですね has to be in the plain non-past form.

早くかぜがなおるといいですね。
I hope you recover from your cold soon.

あした雨が降らないといいですね。
I hope it doesn't rain tomorrow.

映画がおもしろいといいですね。
I hope the movie is interesting.

あしたも休みだといいですね。
I wish tomorrow were a holiday, too.

READING

テレサのアパート/Theresa's Apartment

　テレサのアパートはボタンを押すと何でもできます。例えばそうじです。1
のボタンを押すと、テーブルやいすが動いて、そうじが始まります。

　2のボタンは夜押します。朝、明るくなるとカーテンが開きます。そして、
夜、暗くなるとカーテンが閉まって、電気がつきます。

　3のボタンを押すと、食事を作ってくれます。3のボタンにはaからiま
で、9つのメニューがあります。好きなメニューを選ぶことができます。例えば
aはパン、たまご、サラダ、コーヒーです。

　一番便利なボタンは4のボタンです。このボタンを押すとベッドがかべから
出ます。ベッドをかたづけたい時は、4のボタンをもう一度押します。部屋が
広くなるので、たいへん便利です。寝る時に5のボタンを押すと、朝、起きる
時間に美しい音楽が聞こえます。

　ジリジリジリジリ………

　テレサは急いで、めざまし時計を止めました。もう7時30分です。まず、ふ
とんをかたづけました。服を着ながら、朝ご飯を作ります。トースターにパン
を入れて、サラダを作って食べました。きょうは大学から帰ったら、そうじと
せんたくをしなくてはいけません。それからまどを閉めて、ドアのかぎをかけ
て、8時にアパートを出ました。自転車に乗って出かけます。8時半に大学に着
きました。

テレサ	N	pn: Theresa	美(うつく)しい	Adj	beautiful
例(たと)えば		for example	急(いそ)いで	Adv	in a hurry
たまご	N	egg			

□読む前に

あなたの日本の家は、何が便利ですか、何が不便ですか。

□質問

1. $\boxed{1}$〜$\boxed{5}$のボタンを押すと、何ができますか。

$\boxed{1}$ のボタン・　　　　　　・ベッドをかたづける

　　　　・　　　　　　・朝、美しい音楽が聞こえる

$\boxed{2}$ のボタン・　　　　　　・そうじをする

　　　　・　　　　　　・食事のしたくをする

$\boxed{3}$ のボタン・　　　　　　・ベッドがかべから出る

　　　　・　　　　　　・明るくなるとカーテンが開く

$\boxed{4}$ のボタン・　　　　　　・テーブルやいすが動く

　　　　・　　　　　　・暗くなると電気がつく

$\boxed{5}$ のボタン・　　　　　　・食事のメニューを選ぶことができる

2. テレサは何時に起きましたか。

3. 朝ご飯は何を食べましたか。

4. 学校から帰ったら何をしなくてはいけませんか。

5. 何で学校へ行きますか。「なにで」

6. 何時に学校へ着きましたか。

□話しましょう

1. ほかにどんなボタンがあると便利ですか。

□書きましょう

1. 自分で$\boxed{6}$のボタンを作ってみましょう。そして何ができるか書きましょう。

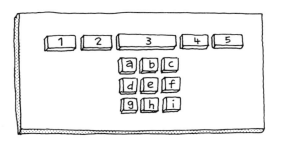

読み方を覚えましょう

閉める（しめる）: to shut, close

閉まる（しまる）: to shut, close

雪（ゆき）: snow

国際（こくさい）: international

経済（けいざい）: economy, economics

政治（せいじ）: politics

所（ところ）: place, spot

新しい漢字

164 昼

ことば	れんしゅう	昼
4 ひるま 昼間 ・ 3 ひるやす 昼休み・ 2 ひる 昼ご飯 はん ・ 1 ひる 昼	昼 昼	くん おん：ひる

いみ: daytime, lunch time

かきじゅん: 尸 尽 昼 昼 ／ 一 コ 尸 尺 尺

1 daytime, noon
2 a lunch
3 a noon recess, a lunch break
4 daytime

165 夕

ことば	れんしゅう	夕
2 ゆう 夕ご飯 はん ・ 1 ゆうがた 夕方	夕 夕	くん おん：ゆう

いみ: evening

かきじゅん: ノ ク 夕

1 evening
2 a supper

166 夜

ことば	れんしゅう	夜
2 こんや 今夜 ・ 1 よる 夜	夜 夜	くん おん：よる・や

いみ: night

かきじゅん: 夜 夜 夜 、 一 亠 广 广 疒

1 night
2 tonight

ことば	れんしゅう	止
 1 と 止まる ・ 2 と 止める	止 止	くん | おん と(まる)・ と(める) いみ to stop
		かきじゅん

				一
				卜
				止
				止

1 to stop
2 to stop

ことば	れんしゅう	集
 1 あつ 集まる ・ 2 あつ 集める	集 集	くん | おん あつ(まる)・ あつ(める) いみ to gather, to collect
		かきじゅん

集	仹	ノ
集	隹	イ
	隹	イ
	隹	忄
	隹	忄

1 to gather,
  to come
  together
2 to gather,
  to get to-
  gether,
  to collect

ことば	れんしゅう	動
 1 うご 動く ・ 2 うんどう 運動する ・ 3 どうぶつ 動物	動 動	くん | おん うご(く) | どう いみ to move
		かきじゅん

動	盲	一
	重	二
	重	巨
	重	盲
	重	盲

1 to move
2 to take
  exercise
3 an animal

ことば	れんしゅう	始
 1 はじ 始める ・ 2 はじ 始まる	始 始	くん | おん はじ(める)・ はじ(まる) いみ to begin, to start
		かきじゅん

	始	く
	始	夂
	始	女
		如
		如

1 to begin,
  to start
2 to begin,
  to start

ことば	れんしゅう	業
 1 じゅぎょう 授業	業 業	くん | おん ぎょう いみ work, business, industry
		かきじゅん

荃	业	丶
業	業	业
業	業	业
		业
		当

1 a class

ことば	れんしゅう	有
 1 ゆうめい 有名	有 有	くん | おん ゆう いみ to be, to exist
		かきじゅん

	有	ノ
		ナ
		ナ
		有
		有

1 famous

WRITING

LESSON
21

第二一課

一、いそがしかったので □（あさ）ご飯も □（ひる）ご飯も

二、□（た）べられませんでした。

三、方（ゆうがた）、□（えいが）を □（み）に □（い）きました。

四、□（くるま）が □（じゅうだい）□（と）まっています。

五、□（とも）だちが、わたしの部屋に □（あつ）まりました。

六、□（まいあさ）□（ろくじ）に □（おお）□（うんどう）しています。

七、□（ごご）の □（じゅぎょう）授 は □（いちじはん）に □（はじ）まります。

八、わたしの □（くに）は、雪が □（おお）くて □（ゆうめい）です。

九、□（こんや）は □（そと）で □（ゆう）ご飯を □（た）べましょう。

十、□（ひるやす）みに軽く □（うんどう）します。

十、□（ひる）はにぎやかですが、□（よる）は静（しず）かです。

一、外は雪が降（ふ）っているので、ドアを閉めて
ください。

二、今、政治と経済の授（じゅ）業に出ています。

三、新宿はたくさんの高いビルがあって
有名な所です。

四、昼休みに銀行は開いていますか。
閉まっていますか。

五、わたしの専攻（せんこう）は国際政治です。

六、今夜七時半に、わたしの部屋に集まって
ください。

七、授業（じゅ）は十時に始まります。

八、朝早く起（お）きて運動しましょう。

九、止まっていた電車が動きました。

十、きのうの夕方（がた）、先生のお宅を訪ねました。

LESSON 22 第二十二課
だい か

LISTENING AND SPEAKING

Objectives

Talking about preparations
Stating the sequential relationship of actions

Points

- making preparations
- expressing the completion of actions
- admitting mistakes and expressing regret
- expressing the sequential relationship of actions

Sentences

1　（わたしは）パーティーをするから、（わたしは）ケーキを買っておきます。

2　（わたしは）ケーキを全部食べてしまいました。

3　（わたしが）寝るまえに、（わたしは）おふろに入ります。

4　（わたしが）ご飯を食べたあとで、（わたしは）漢字の勉強をしました。
　　　　　　　　　　　　　　はん

5　明るいうちに、帰りましょう。

1	そうしましょう。	Let's do that.	（ドリル　Ⅰ）
2	いいんですよ。	That's all right.	（ドリル　Ⅲ）
3	気にしないでください。	Don't worry about it.	（ドリル　Ⅲ）
4	ほんとうにすみません。	I am really sorry.	（ドリル　Ⅲ）

フォーメーション

1　～ておく（～とく）: Doing something beforehand

例）ケーキを買う　→　ケーキを買っておく　→　（わたしは）ケーキを買っておきます。

（→　ケーキを買っとく）

1) リーさんに話す　→　　　5) 薬を飲む　→

2) 本を読む　→　　　6) 漢字を勉強する　→

3) かぎをかける　→　　　7) 試験の準備をする　→
  しけん

4) まどを開ける　→　　　8) ホテルの予約をする　→

2-1　～てしまう（～ちゃう）: Finishing up ～ing

例）ケーキを食べる→　ケーキを食べてしまう→（わたしは）ケーキを食べてしまいます。

（→　ケーキを食べちゃう）

1) れいぞうこのビールを飲む　→

2) お金を使う　→

3) 本を読む　→

4) レポートを書く　→

2-2

例）おさらを割る→　おさらを割ってしまう→（わたしは）おさらを割ってしまいました。
  わ　　　　　　　　　わ　　　　　　　　　　　　　　　　わ

（→　おさらを割っちゃう）
  わ

1) コップをこわす　→

2) さいふをなくす　→

3) 宿題を忘れる　→

4) 電話番号をまちがえる　→
  でん わ ばんごう

3 〜まえに、〜 : Before doing 〜

例）（わたしは）寝ます：（わたしは）おふろに入ります

→ <u>（わたしが）寝るまえに、</u>（わたしは）おふろに入ります。

1) クラスです：（わたしは）予習します　→

2) 試験です：（わたしは）先生に質問します　→

3) （わたしたちは）薬を飲みます：（わたしたちは）説明を読まなくてはいけません　→

4) （あなたは）ワープロを消します：（あなたは）セーブしたほうがいいです　→

5) キムさんは辞書を買いました：（キムさんは）先生にいい辞書を紹介してもらいました　→

4 〜あとで、〜 : After doing 〜

例）（わたしは）ご飯を食べました：（わたしは）漢字の勉強をしました

→ <u>（わたしが）ご飯を食べたあとで、</u>（わたしは）漢字の勉強をしました。

1) （わたしは）レポートを出しました：（わたしは）いい本を見つけました　→

2) 試験です：学生はのんびりします　→

3) （あなたは）答えを書きます：よくみなおしてください　→

4) （わたしは）自分でよく考えます：（わたしは）友だちや先生に相談します　→

5-1 〜うちに、〜 : While

例）明るいです：帰りましょう　→　<u>明るいうちに、</u>帰りましょう。

1) きょうです：レポートを書いてしまいます　→

2) 静かです：宿題をしてしまいます　→

3) （わたしは）先生の説明を聞いていました：（わたしは）わかってきました　→

4) ホテルの部屋がまだ空いています：（あなたはホテルの部屋を）予約しておいたほうがいいです　→

5-2 Before something happens (while it's still not 〜)

例）暗くなりません：帰りましょう　→　<u>暗くならないうちに、</u>帰りましょう。

1) （わたしは電話番号を）忘れません：（わたしは）電話番号を書いておきます　→

2) 店がこみません：買い物をしてしまいましょう　→

3) 店が閉まりません：買い物に行ってきましょう　→

4) 雨が降りません：（あなたは）帰ったほうがいいです　→

I　Making preparations

A：パーティーをするから、ケーキを買っておきましょう。

B：そうですね。そうしましょう。

テストがある	新しい漢字を勉強する
わからない言葉がある	辞書で調べる
友だちが来る	買い物をする
朝早く起きなくてはいけない	めざまし時計をセットする

II　Checking if something is prepared

A：これ、コンピュータに入れましたか。

B：ええ、入れてあります。　　　　B：いいえ、まだです。

　　　　　　　　　　　　　　　　A：じゃ、入れておいてください。

切手を買ってくる	住所を調べる
書類をコピーする	ホテルを予約する

III　Apologizing for irreparable mishaps

A：あのう、すみません。おさらを割ってしまったんです。

B：いいんですよ。気にしないでください。　　B：ええっ、割ってしまったんですか。

A：ほんとうにすみません。　　　　　　　　　A：ほんとうにすみません。

コップをこわす	辞書をなくす
まちがえる	セーターをよごす
プリントをやぶる	ワープロの文書を消す

Ⅳ Describing an irreversible action

A：ここにあったケーキは、どうしたんですか。

B：食べちゃったんです。

A：食べちゃったんですか。

あのお金	使う
約束	忘れる
教科書	家においてくる
中山さん	帰る

Ⅴ Stating what you do before doing something else

A：試験のまえに、何を { しますか。 / しましたか。 }

B：漢字や言葉を勉強して { おきます。 / おきました。 }

夜寝る	本を読む、音楽を聞く
日本に来る	パスポートを取る
出かける	まどにかぎをかける
旅行する	地図を買う、とまる所を予約する

Ⅵ Suggesting the sequence of activities

A：食べたあとで、何をしましょうか。

B：そうですねえ。映画を見に行きませんか。

テストが終わる	パーティーをする
プールで泳ぐ	喫茶店で何か飲む
図書館で宿題をする	食事に行く
映画を見る	買い物をする

CARD A

I Talking about preparations

You are planning to go camping with your friends. You check on the preparations.

CARD B

I Talking about preparations

You are asked some questions about preparations for camping. Respond to those questions.

CARD A

II Talking about preparations for a trip

You are planning a trip with a friend to Kyoto. Check with him/her about the train tickets, hotel reservations, and so on.

CARD B

II Talking about preparations for a trip

You go over the preparations for a trip with your friend.

GRAMMAR NOTES

1. Doing something beforehand for some future purpose

| V-ておく | V beforehand for some future purpose |

The verb おく (to 'place', 'leave') used as an auxiliary with the －て form of verbs expresses an action described by the verb which is done in preparation for some future event. With this expression, focus is placed on the agent (doer).

パーティーをするから、ケーキを買っておきます。
I'll buy some cakes for the party.

ホテルの予約をしておきます。
I'll reserve the hotel.

Since the verb おく may indicate the meaning of 'leave', this pattern may express the meanings of (1) 'do something and leave it that way' or (2) 'leave something as it is'.

まどを開けておいてください。
Please open the window and leave it open. / Please leave the window open.

暑いから、まどを開けておきます。
It's hot, so I'll open the window and leave it open. /It's hot, so I'll leave the window open.

In casual speech, the [e] of －ておく (-teoku) is often omitted, resulting in the abbreviated form －とく (-toku).

買っておく　→　買っとく
本を読んでおく　→　本を読んどく

2. Finish up ~ing

| V-てしまう | finish up V-ing |

The verb しまう, used as an auxiliary with the -て form of verbs, expresses the irreversible completion of the action described by the verb.

わたしはケーキを全部食べてしまいました。 I ate up all the cake.

レポートを書いてしまいました。 I finished writing the report.

田中さんは寝てしまいました。 Mr. Tanaka has gone to bed.

Because of the implication of irreversibility, this construction may also indicate undesirability, frustration, or regret.

さいふをなくしてしまいました。 I have lost my wallet.

コップをこわしてしまいました。 I have broken the cup.

エンジンが止まってしまいました。 The engine has stopped.

ざんねんですが、雨が降ってしまいましたね。 Unfortunately, it has started to rain.

In casual speech, -てしまう is often abbreviated to -ちゃう.

食べてしまう → 食べちゃう

なくしてしまう → なくしちゃう

3. Before doing ~

| V-る まえに、 S
N の | before V-ing |

As one of the strategies for connecting sequential events, the construction [V-る まえに] is used to express the meaning of 'before doing ~'. Note that the verb preceding まえに always takes the plain non-past affirmative form.

寝るまえに、おふろに入ります。 I take a bath before I go to bed.

寝るまえに、おふろに入りました。 I took a bath before I went to bed.

クラスのまえに、教科書を読んでおきます。 I'll read the textbook before class.

4. After doing ~

| V-た あとで、 S
N の | after V-ing |

As another strategy for connecting sequential events, the construction ［V-たあとで］ is used to express the meaning of 'after doing 〜'. Note that the verb preceding あとで always takes the plain past affirmative form. The particle で in あとで may be omitted.

ご飯を食べたあとで、漢字の勉強をします。　　I'll study kanji after I have a meal.

ご飯を食べたあとで、漢字の勉強をしました。　　I studied kanji after I had a meal.

クラスのあとで、友だちと映画を見に行きました。　I went to see a movie with my friend after class.

5. While or before something happens (while it is still not 〜)

S₁	うちに、	S₂

while S₁, S₂

before S₁, S₂

V durative	
Adj	
AN	な
N	の
V negative	

There are several expressions in Japanese which correspond to the English 'while' (L10, 13, 25 GN), but each expression is used slightly differently. The words あいだ and うち basically indicate the same thing, that is, 'duration of time'. When you use the うちに expression, it often has the implication that 'what S₁ describes comes to an end and that causes inconvenience for someone to do what S₂ describes'.

a) きょうのうちに、レポートを書いてしまいます。
I'll finish writing the report today.

b) 静かなうちに、宿題をしてしまいます。
I'll finish my homework while it is quiet.

c) 先生の説明を聞いているうちに、分かってきました。
While I was listening to the teacher's explanation, I gradually understood.

d) 友だちと話しているうちに、先生との約束を忘れてしまいました。
While I was chatting with my friend, I completely forgot about the appointment with my teacher.

e) 明るいうちに、帰りましょう。
Let's go home while it is light.

53

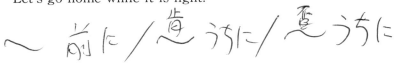

Note that the verb preceding うちに may take the non-past negative form, as in the following:

f) 暗くならないうちに、帰りましょう。
Let's go home before it gets dark.

g) 店がこまないうちに、買い物をしてしまいましょう。
Let's finish shopping before the store gets crowded.

h) 店が閉まらないうちに、買い物に行ってきましょう。
Let's go shopping before the store closes.

i) 雨が降らないうちに、帰ったほうがいいです。
You'd better go home before it starts raining.

In these sentences, the speaker uses the negative forms rather than the affirmative forms, which are 明るい for f), すいている for g), 開いている for h), and 晴れている for i). This occurs in situations where the speaker can predict accurately what will happen: that 'it will get dark' in f), 'the store will get crowded' in g), 'the store will close' in h), and 'it will start to rain' in i).

READING

新聞（人生相談）/Newspaper（Counseling）

きびしい門限

私の両親はとてもきびしいです。私が外へ行く時は、いつも「どこへ行くの？」と言います。ボーイフレンドからの電話は切ってしまいます。

一番たいへんなのは、門限です。私の家の門限は夜八時です。私が大学に入った時、父は、「明るいうちに家に帰らなくてはいけない。」と言いました。でも、門限は五時だ。」と言いました。だから、門限は五時したいのですか。でも、ご母が、「門限が五時だったら、両親とよく話し合いましょう。あなたの考えを話しま友達とお茶も飲めませんよ。」

と言ったので、門限は、八時になりました。でも、八時では何もできません。私は大学生だから、もっと自分の時間を持ちたいのです。どうしたらいいでしょうか。

（S大学一年M・I）

人生相談

まずよく話して

どうして八時の門限は早いのですか。あなたは何を話すことができるでしょう。

しょう。

話した後も、両親の考え時では何もできません。でも、八が同じだったら、あなたは家を出て、自分のアパートをさがしたほうがいいでしょう。もちろん、その時は、あなたが家賃を払って、食事も全部作らなくてはいけません。たいへんでしょうが、一人で住めるから、あなたはボーイフレンドといつでも電話で話すことができるでしょう。そして、門限も気にしなくてもいいでしょう。

（弁護士）

新聞（人生相談）/Newspaper（Counseling）

きびしい	Adj	strict
門限(もんげん)	N	curfew
私(わたくし、わたし)	N	I
だから	Conj	therefore
友達(ともだち)	N	friend
もっと	Quant	more
話(はな)し合(あ)う	V$_i$	to discuss
もちろん		of course
家賃(やちん)	N	rent
払(はら)う	V$_t$	to pay
弁護士(べんごし)	N	lawyer

□読む前に

あなたの家に門限はありますか。

□質問

1. M.T.さんが外へ行くとき、両親は何と言いますか。

2. ボーイフレンドから電話があったら、両親はどうしますか。

3. M.T.さんの家の門限は何時ですか。

4. M.T.さんは大学生として(as a university student)何をしたいですか。

5. M.T.さんは初めに(at first)何をしたらいいですか。

6. M.T.さんはアパートに住むようになったら、どうしなくてはいけませんか。

7. アパートの家賃はだれが払いますか。

8. アパートで、食事はだれが作りますか。

□話しましょう

1. あなたは今、相談したいことがありますか。友達に相談しましょう。

2. 友達があなたに相談します。アドバイスして下さい。

□書きましょう

1. 新聞の相談のコラム(column)に相談を書きましょう。

WRITING
[KANJI]

読み方を覚えましょう

静かな（しずかな）: quiet, still   約束する（やくそくする）: to promise

相談する（そうだんする）: to consult   全部（ぜんぶ）: all

準備する（じゅんびする）: to prepare   暗い（くらい）: dark

新しい漢字

173

ことば	れんしゅう	質
質問する	質 質	**くん / おん**　しつ
		いみ　quality, to ask

かきじゅん

質 質 質 質 質 ／ 斤 斤 斤 斤

1 to ask a question

174

ことば	れんしゅう	問
質問する	問 問	**くん / おん**　もん
		いみ　a question

かきじゅん

問 問 問 問 問 門 門 門 門 門

1 to ask a question

175

ことば	れんしゅう	題
問題	題 題	**くん / おん**　だい
		いみ　a title, a topic

かきじゅん

題 題 題 題 題 是 是 是 是 是 早 早 是 旦 ／ 日 日 旦

1 a question, a problem

176 — 答

ことば	れんしゅう	答

くん：こた　おん

1 答え　2 答える
こた、こた（える）・こた（え）

いみ：an answer, to answer

かきじゅん
答 笁 笁 笁 答 ゲ ゲ ゲ ケ ケ

1 an answer
2 to answer

177 — 親

ことば	れんしゅう	親

くん　おん：しん

1 両親
りょうしん

いみ：parent(s), intimate

かきじゅん
親 親 辛 亲 立
親 辛 亲 立
親 辛 亲 立

1 parents

178 — 切

ことば	れんしゅう	切

くん：き（る）・きっ　おん：せつ

1 切る
2 切って・切手
3 きっ符・切符
4 しんせつ・親切

いみ：to cut, intimate

かきじゅん
一 七 切 切

1 to cut
2 a (postage) stamp
3 a ticket
4 kindness, kind

179 — 店

ことば	れんしゅう	店

くん：みせ　おん：てん

1 店
2 喫茶店
3 店員

いみ：a shop, a store

かきじゅん
庁 店 店 一 广 广 广

1 a store, a shop
2 a tearoom, a coffee shop
3 a (store) clerk

180 — 屋

ことば	れんしゅう	屋

くん：や　おん

4 カメラ屋
1 本屋
2 花屋
3 パン屋・

いみ：a shop

かきじゅん
屋 屋 屋 屋 一 コ 尸 尸 尸

1 a bookstore
2 a flower shop
3 a bakery
4 a camera shop

書く練習

一、□に、□について□しました。

二、その□のえが□かりません。

三、□で□にえてください。

四、□の符を予約しました。

五、あの□の□はいつも□です。

六、□と□の□に薬□があります。

七、喫□で、お□を□みながら□しました。

八、郵便局で□を□います。

九、わたしの両□が□んでいる所は、とても静かです。

十、ケーキを□って□べました。

読む練習

一、ここは人口が多いですが静かな町です。

二、八十円切手を四百枚買うと全部でいくらですか。

三、その問題について先生に質問するつもりです。

四、仕事について両親に相談しました。

五、花屋の店員が、店を開ける前に準備をしています。

六、友だちと約束して夕方六時に会います。

七、この部屋は静かですが、少し暗いです。

八、先生の質問に日本語で答えます。

九、あのカメラ屋の店員は、とても親切です。

十、本屋の店員に、本について質問しました。

LISTENING AND SPEAKING

Objectives

Relating what one has read or heard to someone else

Points

- stating extent of events/actions
- conveying information
- leaving messages

Sentences

1 東京は物価が高すぎます。

2 （あの人が）どんなに泳いでも、あの人はつかれません。
　　　　　　　　　　およ

3 あしたの会議は午前9時からだと伝えてください。
　　　かいぎ

　あしたの午後2時に三鷹駅に来るように伝えてください。
　　　　　　　みたかえき

4 テレビのニュースによると、あしたバスの会社がストライキをするそうです。

5 新聞の天気予報に東京はあしたはくもりだと書いてありました。
　　　　よほう

　ジョンさんは今度の試験はむずかしいだろうと言っています。
　　　　　　しけん

　（わたしは）田中先生からあしたは授業がないと聞きました。
　　　　　　　　　　じゅぎょう

1　何かあったんですか。　　Did something happen?　（ドリル　Ⅳ）

フォーメーション

1　〜すぎる：Overdoing it/Too 〜

例）この仕事はひまだ　→　この仕事はひますぎる　→　この仕事はひますぎます。

　　東京は物価が高い　→　東京は物価が高すぎる　→　東京は物価が高すぎます。

　　妹は食べる　　　　→　妹は食べすぎる　　　　→　妹は食べすぎます。

　　1) 父は働く　　　　　　　　　　→　　　　5) この服ははでだ　　　　　　　→

　　2) 兄は飲む　　　　　　　　　　→　　　　6) ここは静かだ　　　　　　　　→

　　3) 弟はお金を使う　　　　　　　→　　　　7) 部屋がせまい　　　　　　　　→

　　4) あなたは考える　　　　　　　→　　　　8) 問題がむずかしい　　　　　　→

2　（WH-word+〜ても）：No matter 〜

例）どんなに泳ぐ：あの人はつかれない　→　どんなに泳いでも、あの人はつかれません。

　　1) どんなに高い：（わたしは）いい物を買う　→　　*高くても*

　　2) いつ（田中さんの部屋に）行く：田中さんは部屋にいなかった　→

　　3) だれに（その答えを）聞く：（だれも）その答えがわからなかった　→

　　4) どこに行く：東京は人が多い　→

　　5) 何を食べる：このレストランの食べ物はおいしい　→

　　6) どう考える：（わたしは）わからない　→

　　7) どんなに不便だ：（わたしは）ここがいい　→　*不便でも*

3　Leaving a message

例）「あしたの会議は午前9時からです。」

　　→　あしたの会議は午前9時からだと伝えてください。

　　「あしたの午後2時に三鷹駅に来てください。」

　　→　あしたの午後2時に三鷹駅に来るように伝えてください。

　　1)「道がこんでいるので、30分おくれます。」　→

　　2)「用事で、急にパーティーに出られなくなりました。」　→

　　3)「帰ったら、電話をしてください。」　→

4)「けがをしたので、きょうは授業を休みます。」　→

5)「ミーティングにおくれないでください。」　→

4　Reporting hearsay

例) テレビのニュース：「あしたの朝、6時から10時まで、バスの会社がストライキをします。」

　→　テレビのニュースによると、あしたの朝、6時から10時まで、バスの会社がストライキをするそうです。

リーさん：「東京の地下鉄はきれいです。」

　→　リーさんの話によると、東京の地下鉄はきれいだそうです。

1) けさの新聞：「日本では、働く女性の数が多くなりました。」　→

2) パメラさん：「ジョンさんは論文でいそがしくて、寝る時間もないんです。」　→

3) 母からの手紙：「ジョン（弟）が大学にごうかくしました。」　→

4) 事務員：「田中先生はかぜで休んでいるので、あしたの試験はありません。」　→

5　Quoting

例) 新聞の天気予報：「東京はあしたはくもり時々晴れです。」

　→　新聞の天気予報に東京はあしたはくもり時々晴れだと書いてありました。

ジョン：「今度の試験はむずかしいでしょう。」

　→　ジョンさんは今度の試験はむずかしいだろうと言っています。

田中先生：「秋学期は休みの日が多いです。」

　→　（わたしは）田中先生から秋学期は休みの日が多いと聞きました。

1) 新聞：「10月24日に富士山にことし初めて雪が降りました。」→　新聞に（　　）

2) リーさん：「寮はうるさすぎて、（寮では）勉強ができません。」→　リーさんは（　　）

3) この本：「世界で一番人口が多い国は中国です。」　→　この本に（　　）

4) パメラさん：「けさ東京で地震がありました。」→（わたしは）パメラさんから（　　）

ドリル

I　Stating the reason you won't buy something

A：ちょうどいいですか。

B：いえ、ちょっと小さすぎます。

大きい	小さい
高い	安い
はで	じみ
重い	軽い

Ⅱ Describing a lousy weekend

A：週末はいかがでしたか。

B：ちょっと飲みすぎました。

> 遊ぶ
> あそ
> 食べる
> 勉強する
> テレビを見る
> 働く

Ⅲ Talking about an amazing person

A：リーさんは、よく勉強するそうですね。

B：ええ、（リーさんは）どんなにねむくても、
　　毎日勉強していますよ。

> いそがしい
> たいへん
> つかれている
> 夜おそく帰る
> 時間がない

Ⅳ Conveying reported information/news

1)　A：何かあったんですか。

　　B：（テレビによると）火事があったそうですよ。

見たこと聞いたこと

2)　A：何かあったんですか。

　　B：（テレビで）火事があったと言っています。

3) A：何かあったんですか。

B：（新聞に）<u>火事があった</u>と書いてあります。

> あしたストライキをします
>
> けさ地震がありました
>
> 飛行機事故で人がおおぜい死にました
>
> 雪で電車が止まってしまいました

4) A：<u>試験は月曜日です</u>ね。

B：いいえ。先生から<u>火曜日だ</u>と聞きましたよ。

あしたは授業がありません	授業があります
会議は4時からです	3時半からです
レポートは来週までです	あさってまでです

Ⅴ Leaving a message

B：Cさんに何か伝えましょうか。

A：では、<u>少しおくれる</u>と伝えてください。

- Reporting what someone said -

B：Cさん、Aさんは<u>少しおくれる</u>そうです。

C：はい、わかりました。

Aさん_____ → Bさん_____ → Cさん

> ─── Aさんの言うこと ───
>
> 「また電話します」
>
> 「あしたまた来ます」
>
> 「パーティーに行けません」
>
> 「その日は都合が悪いです」
>
> 「かぜで授業に出られません」

Ⅵ Sending a message of request or advice

A：田中さんがBさんの国に行くそうですよ。

B：そうですか。じゃあ、田中さんに<u>水に気をつける</u>ように言ってください。

> あぶないところへ行かないでください
>
> お金はあまり持って歩かないでください
>
> 食べ物に気をつけてください

CARD A

I Leaving messages

You have to leave a message with B for people who are going out together:
① state meeting time and place
② ask everyone not to be late
And tell B to relay the message to the next person.

CARD B

I Leaving messages

You receive a call and a message. Repeat the message to be sure you have it right.

CARD A

II Talking about what you have heard or read

You read about a break-in the night before and talk about it with B. In the paper you read:
① It took place at an all-night shop in Kichijoji.
② There were three burglars, including a woman.
③ There were a few customers in the shop when the burglars broke in.

CARD B

II Talking about what you have heard or read

You saw the news on TV about the break-in the night before and join A to talk about it. The newscaster reported that:
① It took place at an all-night shop in Kichijoji.
② The criminals were three men, one 185 cm. tall and the other two around 160 cm. tall.
③ There was only one clerk in the shop when the burglars came in.

GRAMMAR NOTES

1. Overdo ~ / Too ~

V-ます <u>stem</u>	
Adj-い <u>stem</u> すぎる	over-V, too Adj
AN	

The auxiliary verb -すぎる, which is used with the V-ます stem, Adj-い stem, or adjectival noun, adds the meaning 'excessively'. Thus, the English equivalent of V-すぎる, Adj-すぎる, and AN-すぎる is 'to overdo ～' or 'too ～'.

妹 は食べすぎます。
My kid sister eats too much.

この服ははですぎますか。
Is this dress too fancy?

東 京 は物価が高すぎます。
Prices are too high in Tokyo.

2. No matter ~

QUESTION WORD	V-ても Adj-くても、～ AN　でも	No matter who/what/where/how...

This pattern expresses the meaning 'no matter who/what/where/how ～', depending on the combination of the question word and the predicate in the -ても form (L18 GN3, Vol. 2). Note that a question word must be followed by an appropriate particle, depending on the meaning. 'No matter how' is expressed by どんなに.

いつ行っても、田中さんは部屋にいませんでした。
No matter when I went, Mr. Tanaka wasn't in his room.

だれに聞いても、その答えがわかりませんでした。
No matter whom I asked, no one knew the answer.

このレストランは何を食べてもおいしいです。
No matter what you eat at this restaurant, it's delicious.

66

東京 はどこへ行っても人が多い。
As for Tokyo, wherever you go, there are lots of people. / Wherever you go in Tokyo, it's crowded.

どう 考 えても分からない。
No matter how I think about it, I don't understand it. / I just don't understand it.

どんなに高くても、いい物を買います。
No matter how expensive they are, I buy good things.

どんなに不便でも、ここがいいです。
No matter how inconvenient it is, I prefer this place.

3. Leaving a message

S plain と　　　伝えてください ように	Please tell (a person) that S Please tell (a person) to ...

This is the pattern used when you ask one person to convey a message to another. The particle と indicates that the preceding sentence is the message. When you would like to specify who the message is for, place the phrase PERSON + に at the initial position of the pattern, or insert the phrase between the quotation marker と and 伝えてください. The predicate of the sentence preceding と can be past or non-past, affirmative, or negative, but has to be in plain form.

This pattern indicates that a message is quoted indirectly. The message may be a statement or a request, among other things. If the message is a request, と is replaced by ように.

リーさんにあしたの会議は午前9時からだと伝えてください。
Please tell Mr. Lee that tomorrow's conference starts at 9:00 A.M.

用事でパーティーに出られなくなったとパメラさんに伝えてください。
Please tell Pamela that it has become impossible for me to attend the party because of some business.

田中さんにあしたの午後2時に三鷹駅に来るように伝えてください。
Please tell Mr. Tanaka to come to Mitaka Station at 2:00 P.M. tomorrow.

帰ったら電話するように伝えてください。
Please tell him to call me when he gets back.

きのうはとても楽しかったと伝えてください。
Please tell him/her that I had a lot of fun yesterday.

あしたはひまだと鈴木さんに伝えてください。
Please tell Ms. Suzuki that I am free tomorrow.

4. Reporting hearsay

（N　によると）　S plain　そうだ | N says that S

This pattern is used to relay information the speaker obtained from some source. The N marked by によると 'according to 〜' indicates the source of information, which may be a person, a book, or the media. The source phrase N によると may be omitted. The predicate of the sentence preceding そうだ can be non-past or past, affirmative or negative, but it has to be in plain form.

> テレビのニュースによると、あしたの朝、6時から10時まで、バスの会社がストライキをするそうです。
> According to the TV news, the bus company will go on strike from 6:00 to 10:00 tomorrow morning.

> あの喫茶店はコーヒーがおいしいそうです。
> They say that, as for that coffee shop, the coffee is tasty. / They say that the coffee served at that coffee shop is tasty.

> リーさんの話によると、東京の地下鉄はきれいだそうです。
> Mr. Lee says that subways in Tokyo are clean.

> けさ三鷹で火事があったそうです。
> I heard that a fire broke out in Mitaka this morning.

> パメラさんは用事があって、パーティーに出られないそうです。
> I heard that Pamela won't be able to attend the party because she has business to do (an errand to run).

5. Quoting

1)　N　に　S plain と書いてありました
2)　N PERSON　は　S plain と言っています　（言っていました）
3)　N₁ PERSON　は　N₂ PERSON　から　S plain と聞きました。

1) It was written in N that S
2) PERSON says/said that S
3) PERSON₁ heard from PERSON₂ that S

The patterns 1), 2), and 3) are used to quote what is written, what someone says/said, and what one heard, respectively. In each pattern, the source of the quotation is indicated in a different manner: in pattern 1), it is indicated by the phrase N＋に; in pattern 2), by the phrase PERSON＋は; and in pattern 3), by the phrase PERSON₂＋

から 'from PERSON₂'. The sentence expressing the quotation, which is followed by the quotation marker と, can be non-past or past, affirmative or negative, but it must be in plain form.

新聞の天気予報に東京はあしたはくもり時々晴れだと書いてありました。
It was written in the newspaper weather forecast that Tokyo would be cloudy and occasionally clear tomorrow.

新聞にきのう富士山に今年初めて雪が降ったと書いてありました。
It was written in the newspaper that yesterday Mt. Fuji had the first snow for this year.

ジョンさんは今度の試験はむずかしいだろうと言っています。
John says that the next examination will probably be difficult.

リーさんは寮はうるさすぎるから勉強ができないと言っています。
Lee says that he cannot study because the dormitory is too noisy.

田中先生から秋学期は休みの日が多いと聞きました。
I heard from Professor Tanaka that there will be many holidays during the autumn term.

パメラさんからけさ東京で地震があったと聞きました。
I heard from Pamela that there was an earthquake in Tokyo this morning.

READING

ビルのニュース/News Headline

　駅の前の高いビルのかべに大きなスクリーンがあって、いつも新しいニュースを伝えます。信号を待っている人や、歩いている人は、上を見て新しいニュースを読みます。

　ある時は大きな地震のニュースでした。

> ### 神戸で大地震
>
> 　17日午前5時45分、神戸で大地震。
>
> 　火事になったところが多く、ビルがたくさんこわれている。
>
> 　死んだ人やけがをした人の数は、まだわかっていない。

　また、ある時は、世界の人口のことが書いてありました。

> ### 国連の世界人口会議
>
> 　世界で一番人口が多い国は中国。
>
> 　現在、12億人の人が中国に住んでいます。
>
> 　国連によると、世界の人口は、2030年には60億人になるそうです。

天気予報は便利です。

> ### きょうの天気
>
> 　　　東京 ―― 晴れ
>
> 　　　京都 ―― 晴れ
>
> 　　　広島 ―― くもりときどき晴れ

でも、この天気予報が出たとき、急に雨が・・・

スクリーン	N	screen, display
信号（しんごう）	N	traffic light
ある時		one time
神戸（こうべ）	N	pn: Kobe
こわれる	V$_i$	to collapse
国連（こくれん）	N	the United Nations
現在（げんざい）	Adv	presently
億（おく）	Quant	one hundred million
広島（ひろしま）	N	pn: Hiroshima

□読む前に

あなたはいつも何でニュースを知りますか。

□質問

1. だれがビルのかべのスクリーンのニュースを読みますか。

2. ニュースによると、どこで地震がありましたか。

3. 地震で町はどうなりましたか。

4. けがをした人の数は何人ですか。

5. 世界で一番人口が多い国はどこですか。

6. 国連によると、2030年に世界の人口はどうなりますか。

7. 天気予報が出たとき、ほんとうの天気はどうでしたか。

□話しましょう

1. きのうどんなニュースを聞きましたか。話しましょう。

□書きましょう

1. あなたの教室のかべにニュースを書いてはりましょう。

WRITING
[KANJI]

読み方を覚えましょう

論文 (ろんぶん): essay, thesis

学期 (がっき): (school) term, semester

天気予報 (てんきよほう): weather forecast

伝える (つたえる): to tell, convey (a message)

男性 (だんせい): man

女性 (じょせい): woman

数 (かず): (cardinal) number

物価 (ぶっか): prices

新しい漢字

181

ことば	れんしゅう	死		
死ぬ 1 し ぬ	死 死	くん し (ぬ)	おん	
		いみ		
		death, to die		
	かきじゅん			
		死	一	
			厂	
			歹	
			歹	
1 to die			歹	

182

ことば	れんしゅう	病		
病気 1 びょうき	病 病	くん	おん びょう	
		いみ		
		illness		
	かきじゅん			
		疒	丶	
		疒	亠	
		病	广	
		病	疒	
1 illness, sickness, disease		病	疒	

183

ことば	れんしゅう	院		
病院 1 びょういん ・ 大学院 2 だいがくいん	院 院	くん	おん いん	
		いみ		
		an institution		
	かきじゅん			
		陀	了	
		陀	了	
		院	阝	
		院	阝	
1 a hospital 2 a graduate school		院	阝	

72

184 医

ことば	れんしゅう	医
1 医者（いしゃ）		

くん ／ おん：い

いみ：medicine

かきじゅん：一 ァ ニ 三 矢 医

1 a doctor

185 者

ことば	れんしゅう	者
1 医者（いしゃ）		

くん ／ おん：しゃ

いみ：a person

かきじゅん：一 十 土 耂 耂 者 者

1 a doctor

186 世

ことば	れんしゅう	世
1 世話する（せわ）		

くん ／ おん：せ

いみ：world

かきじゅん：一 十 廿 廿 世

1 to take care of

187 界

ことば	れんしゅう	界
1 世界（せかい）		

くん ／ おん：かい

いみ：world

かきじゅん：丶 冂 田 田 界 界 界

1 the world

188 急

ことば	れんしゅう	急
1 急ぐ（いそ）・2 急に（きゅう）		

くん：いそ(ぐ) ／ おん：きゅう

いみ：to hurry, urgent, sudden

かきじゅん：ノ ク ク 刍 刍 急 急 急

1 to hurry, to make haste
2 suddenly

189 歩

ことば	れんしゅう	歩
1 歩く（ある）・2 散歩する（さんぽ）		

くん：ある(く) ／ おん：ほ・ぽ

いみ：to walk

かきじゅん：一 上 止 止 止 歩 歩

1 to walk
2 to take a walk

一、犬が□で□にしました。

二、あの□は□で、□きな□で働いています。

三、わたしは□を卒□してからこの□に□りました。

四、□に色々と□していていただきました。

五、□で□の経済について□みました。

六、□く起きて公園で散□します。

七、□から□まで□です。

八、□いでください。

九、□の□について□で□に相談しました。

十、□に□が□まりました。

一、今学期の論文のしめきりは六月二十四日だと伝えてください。

二、この大学は、女性の数より男性の数のほうが多い。

三、東京は世界で一番物価が高いですが。

四、テレビの天気予報では、あしたは晴れると言っている。

五、急いで歩いたので足が痛い。

六、大学院で医者になるための勉強をした。

七、山田さんは病気で学校を休んでいます。

八、犬が死んでしまいました。

九、田中さんは、よく子どもの世話をします。

十、散歩していた時、急に雨になりました。

LESSON 24 第二十四課

LISTENING AND SPEAKING

Objectives

Talking about causes, reasons, and purposes

Points

- stating causes, reasons, and purposes
- requesting
- making implications

Sentences

1　大雪の<u>ために</u>大学は休みになりました。

　（わたしが）日本語を勉強する<u>ために</u>（わたしは）日本に来ました。

2　（あなたの声が）わたしに聞こえる<u>ように</u>大きい声で話してください。

3　（わたしが）日本にいる<u>あいだに</u>、（わたしは）色々な所を旅行してみたいです。

4　きのうのパーティーは料理もおいしかった<u>し</u>、（きのうのパーティーは）ふんいきも
　よかったです。

1-1　～ために～：Cause/Reason and its consequence

例）大雪でした：大学は休みになりました

　　→ 大雪のために大学は休みになりました。

　1) 雪があまり降りません：（人々は）スキーができません　→

　2) 雨でした：試合は中止になりました　→
　　　　　　　　し あい

　3) 道がこんでいました：学生たちは試験におくれてしまいました　→
　　　みち

　4) 地震が起こりました：地下鉄が止まりました　→
　　　じ しん　 お

1-2　～ために～：Stating a purpose

例）（わたしは）日本語を勉強します：（わたしは）日本に来ました

　　→ （わたしが）日本語を勉強するために（わたしは）日本に来ました。

　1) （わたしは）論文を書きます：（わたしは）しりょうを集めておきます　→

　2) （わたしは）日本でしゅうしょくします：（わたしは）日本語の勉強を続けます　→

　3) 研究：（わたしは）色々な人に会って、話を聞きます　→
　　　けんきゅう

　4) 地震が起こったとき：（わたしは）水や食べ物を用意しておきます　→
　　　じ しん　 お　　　　　　　　　　　　　　　　　　　　よう い

1-3　～ための N：For (the sake of) ～

例）これは辞書です：外国人　→　これは外国人のための辞書です。
　　　　　 じ しょ　　　　　　　　　　　　　　　　　　　　　じ しょ

　1) 点字は文字です：目が見えない人　→
　　　てん じ　 も じ

　2) これはギターです：左ききの人　→

　3) これは教科書です：日本語の学生　→
　　　　　 きょう か しょ

　4) ラボは部屋です：学生がビデオやテープで勉強する　→

2　～ように、～：Doing something so that ～ / In such a way that ～

例）（あなたの声が）わたしに聞こえます：大きい声で話してください

　　→ （あなたの声が）わたしに聞こえるように、大きい声で話してください。

　1) （あなたの考えがわたしに）よくわかります：説明してください　→

　2) （あなたが書いた字がみなさんに）よく見えます：黒板に字を大きく書いてくだ
　　　　　　　　　　　　　　　　　　　　　　　　　　　こく ばん
　　さい　→

3) （わたしは）クラスにおくれません：（わたしは）毎日早く起きます　→

4) 品物がよく売れます：（品物の）ねだんをさげました　→

3　〜あいだに、〜：While 〜/During 〜

例）（わたしは）日本にいます：（わたしは）色々な所を旅行してみたいです

　　→（わたしが）日本にいるあいだに、（わたしは）色々な所を旅行してみたいです。

1) この10年です：車の数は2ばいになりました　→

2) 10分の休みです：（わたしは）郵便局に手紙を出しに行ってくるつもりです　→

3) （わたしは）日本で勉強していました：わたしの町はかなり変わりました　→

4) （わたしは）国に帰っていました：（わたしは）日本語をかなり忘れてしまいました

　　→

4　〜し、〜：Joining two or more sentences to make an implication

例）〔きのうのパーティーはいいパーティーでした〕：きのうのパーティーは料理がおいし

　　かったです：（きのうのパーティーは）ふんいきがよかったです

　　→きのうのパーティーは料理もおいしかったし、（きのうのパーティーは）ふんいき

　　もよかったです。

1) 〔きのうは悪い一日でした〕：（わたしは）宿題を忘れました：（わたしは）パスポー

　　トをなくしました　→

2) 〔リーさんは日本語がじょうずです〕：リーさんは日本語のニュースが聞けます：

　　（リーさんは）日本語の新聞が読めます　→

3) 〔きょうは公園に行きましょう〕：きょうは天気がいいです：（きょうは）あたたか

　　いです　→

ドリル

I　Stating cause/reason

A：地下鉄が止まったんですか。

B：ええ、地震が起こったために止まったんです。

水不足です	雨が降りません
試合が中止になりました	大雨でした
この本は売れません	ねだんが高いです
大学の勉強を続けられません	せいせきが悪いです
卒業ができません	単位が足りません

II Stating purpose

A：どうして
　　なぜ　　　　　　日本に来ましたか。
　　何のために

B：大学で勉強するために、来ました。

日本語を勉強します	友だちに会います
日本の文化を知ります	日本語の勉強
研究 けんきゅう	ちょうさ

III Requesting someone to do something

A：すみません。わたしに分かるように、ゆっくり話してください。
B：はい、じゃ、ゆっくり話します。

読めます	ひらがなで書きます
聞こえます	大きい声で言います
見えます	大きく書きます
分かります	やさしいひょうげんを使います

IV Telling your future plans

A：冬休みの予定は？
B：冬休みのあいだに、たくさん本を読むつもりです。

春休み	大学院の試験を受けます だいがくいん
今学期	論文を終わります お
夏休み	北海道を旅行します ほっかいどう

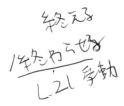

Ⅴ Giving reasons

A：どうしてきのう来なかったんですか。

B：<u>クラスが7時まであった</u>し、<u>宿題も多かった</u>んです。

> 友だちがうちに来た
>
> ちょっと頭が痛かった
>
> 作文を書いていた
>
> おなかが痛かった
>
> ほかに用事があった
>
> お金がなかった
>
> テストの準備があった

ロールプレイ

CARD A

I Asking/talking about purpose
You ask B the reason he/she came to Japan to study.

CARD B

I Asking/talking about purpose
You are asked why you came to Japan to study. Give your answer.

CARD A

II Giving advice
You are studying Japanese and are unhappy with your progress. You seek advice from another foreign student who is good at Japanese.
Get advice on:
① how to improve speaking ability
② how to memorize kanji etc.

CARD B

II Giving advice
You have been studying Japanese for some years and now have a pretty good command of the language. A new student asks you for some advice on good ways to study.

LISTENING
AND
SPEAKING

LESSON

24

第二四課

GRAMMAR NOTES

1. Because/In order to

1) Because ～

S_1 plain	ために	S_2

Because S_1, S_2

V
Adj
AN な
N の

大雪だった ために ＝大雪のために (handwritten)

The conjunction ために is used to express two distinctive meanings, depending upon the semantic relationship between S_1 and S_2. First, it expresses cause or reason when S_1 is a non-controllable event or state. When ために is preceded by non-past noun or adjectival noun predicates, the だ changes into の and な, respectively. Predicates of S_1 can be in either affirmative/negative or non-past/past plain forms.

大雪のために大学は休みになりました。
Because of the snow, school was closed.

道がこんでいたために学生たちは試験におくれてしまいました。
The students were late for the examination because of the traffic.

わたしの考え方があまかったために計画はしっぱいしました。
The plan failed because I didn't take it seriously.

英語がにがてなためにパイロットになれなかった。
I wasn't able to become a pilot because I'm poor at English.

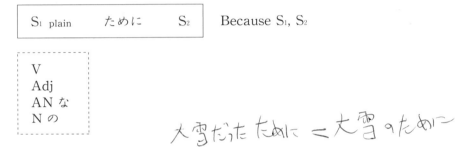

(handwritten notes in margins and at bottom of page)

〜のせいで。
〜のおかげで

は
J4〜する。

価値判断が
入る。

80

2) In order to ～

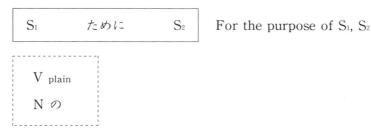

| S₁   ために   S₂ |

For the purpose of S₁, S₂

| V plain |
| N の |

The second use of this pattern is to express purpose. Note that the verb predicate appears only in the plain form in the non-past affirmative.

研究のために色々な人に会って、話を聞きます。
For my research I'll meet many people and listen to what they say (e.g., collect data).

日本語を勉強するために日本に来ました。
I came to Japan in order to study Japanese.

3) For (the sake of) ～

| S₁   ための   N |

| V plain |
| N   の |

The expression ～ための N is used to denote 'for (the sake of)'.

これは外国人のための辞書です。
This is a dictionary for foreigners.

ラボは学生がビデオやテープで勉強するための部屋です。
The lab is a room in which students study with videos and tapes.

2. So that ～

| V-る   ように、   S |
| V-ない |

S so that ～ V

The expression ように corresponds to the English use of 'so that'. The verb preceding ように takes plain non-past forms in either the affirmative or negative.

わたしに聞こえるように、大きい声で話してください。
Please speak in a loud voice so that I can hear you.

クラスにおくれないように、毎日早く起きます。
I get up early every day so that I won't be late for class.

3. While ～

S₁	あいだに、	S₂

While S₁, S₂

V plain
Adj
AN な
N の

You have already studied the construction 'S₁ あいだ S₂' in Lesson 11 (GN3, Vol. 2), which expresses the meaning that the continuing action or state described in S₂ happens simultaneously throughout the time indicated in S₁. The particle に with time expressions is used to specify an exact point in time, such as in 十時に (at 10 o'clock) and 八日に (on the 8th). Thus, when the particle に is attached to あいだ, the resulting あいだに means 'at some point of time during an ongoing action or state'. Therefore, unlike expressions with あいだ, predicates of S₂ with あいだに do not take stative or continuous forms.

日本にいるあいだに、色々な所を旅行してみたいです。
While I am in Japan, I would like to travel many places.

この10年のあいだに、車の数は2ばいになりました。
During the past ten years, the number of cars has doubled.

4. Sentence connective (8)

S₁	し、	S₂	（し、 S₃）

S₁, and (as well as) S₂, so MESSAGE

S₁ can be plain or polite, non-past or past, affirmative or negative. The connective し ('and') joins the sentences. More than two sentences may be connected by adding し to the end of each except for the last. The joined sentences deliver or imply a message. For example, in the second example sentence below, the message is that Mr. Sharp leads a balanced student life.

きのうのパーティーは料理もおいしかったし、ふんいきもよかったです。

As for yesterday's party, the food was good and the atmosphere was nice.

シャープさんはよく勉強もするし、アルバイトもします。

Mr. Sharp studies hard, and works part-time as well.

Sometimes the message is overtly expressed in the last sentence.

きのうは、ちこくしたし、宿題を忘れたし、パスポートをなくしたし、ひどい一日でした。

Yesterday, I was late for class, forgot my homework, and lost my passport; it was a terrible day.

小川さんはせが高いし、ハンサムだし、いい人だし、とても人気があります。

Mr. Ogawa is tall, handsome, and a nice person, and (therefore) is very popular.

ことわざ辞典から/From a Proverb Dictionary
じてん

「三日坊主」

　昔、一人の若い人が坊主になるために寺で勉強を始めた。しかし、寺の勉強はつまらないので、その人は三日で勉強をやめてしまった。だから、新しい仕事や勉強を始めても、すぐやめてしまう人を「三日坊主」という。

例：　学生Ａ「フランス語の勉強はどう？」

　　　学生Ｂ「むずかしいからやめた。」

　　　学生Ａ「え？まだ一か月だよ。また三日坊主？」

「石の上にも三年」

　石は冷たいが、人が三年間石の上に座ると、石があたたかくなる。だから、たいへんな仕事やむずかしい勉強も、がんばって三年間続けると、できるようになる。

例：　子「今の仕事、やめたいんだ。」

　　　父「何を言っているんだ。仕事を始めてからまだ一年。将来、いい仕事
しょうらい
　　　　ができるように、今の仕事を続けたほうがいい。『石の上にも三年』だ
　　　　よ。」

　　　子「父さん、ちょっと古いよ。」

　　　父「・・・。」

ことわざ	N	proverb
坊主（ぼうず）	N	Buddhist priest
昔（むかし）	Adv, N	once upon a time, the old days
寺（てら）	N	temple

日本のことわざを知っていますか。

□ 質問

1. 「三日坊主」

    a) これはどういう意味ですか。（意味＝meaning）

    b) 例の中のBさんはどうして「三日坊主」ですか。

2. 「石の上にも三年」

    a) これはどういう意味ですか。

    b) 例の中の父と子は考え方がどうちがいますか。 →答えづらい

□ 書きましょう

1. 日本のことわざを1つ調べて、意味を書いて、例を作ってください。

読み方を覚えましょう
かた

石 (いし): a stone

続ける (つづける): to continue

変わる (かわる): to change

受ける (うける): to receive, get, accept, take （an exam）

文化 (ぶんか): culture

実は (じつは): actually, to tell the truth

冷たい (つめたい): cold, chilly

新しい漢字

190

ことば	れんしゅう	色
1 いろ 色 2 ちゃいろ 茶色 3 きいろ 黄色 4 いろいろ 色々	色 色	くん いろ / おん
		いみ color
	かきじゅん	色 ノ ク ク 名 名

1 a color
2 brown
3 yellow
4 various

191

ことば	れんしゅう	赤
1 あか 赤 2 あかい 赤い 3 あか 赤ちゃん	赤 赤	くん あか・あか(い) / おん
		いみ red
	かきじゅん	赤 赤 一 十 土 キ 方

1 red
2 red
3 a baby

192

ことば	れんしゅう	青
1 あお 青 2 あおい 青い	青 青	くん あお・あお(い) / おん
		いみ blue
	かきじゅん	青 青 青 一 十 キ 主 青

1 blue
2 blue

193 黒

ことば	れんしゅう	黒
1 くろ 2 くろ 黒・黒い	黒 黒	くん くろ・くろ（い） ／ おん こく

いみ: black

かきじゅん: 黒 里 里 黒 黒 ／ 甲 里 里 黒 甲

1 black
2 black

194 悪

ことば	れんしゅう	悪
1 わる 悪い	悪 悪	くん わる（い） ／ おん

いみ: bad

かきじゅん: 悪 亜 要 悪 悪 ／ 一 一 可 可 更

1 bad

195 英

ことば	れんしゅう	英
1 えいご 英語	英 英	くん ／ おん えい

いみ: England

かきじゅん: 苧 英 英 ／ 一 十 廾 艾 苧

1 English language

196 試

ことば	れんしゅう	試
1 しあい 試合	試 試	くん ／ おん し

いみ: to try, to examine

かきじゅん: 試 試 試 言 言 言 言 言 言

1 a game, a match

197 験

ことば	れんしゅう	験
1 しけん 試験	験 験	くん ／ おん けん

いみ: to test, to examine

かきじゅん: 験 馬 験 馬 験 馬 験 馬 験 馬

1 an examination, a test

WRITING

LESSON **24**

第二四課

一、あなたは □（なに・いろ）が好きですか。

二、□（あか）ちゃんの □（せ・わ）はたいへんです。

三、□（えい・ご）の □（し・けん）を受けました。

四、まどを □（あ）けると □（あお・い） □（うみ）が □（み）えます。

五、□（くろ）い髪の毛がとてもきれいです。

六、□（あか）えんぴつで □（こた）えを直します。

七、□（にち・よう・び）曜 は都合が □（わる）いので □（げつ・よう・び）曜 にしてくださいませんか。

八、サッカーの □（し・あい）合 の □（きっ・ぷ）符 を □（か）いました。

九、□（あお）の □（こた）えは □（えい・ご）で □（か）いてもいいですか。

十、□（あお・い）い服に □（ちゃ・いろ）のくつをはいています。

一、川で白い石と黒い石を見つけました。

二、病気で試験が受けられませんでした。

三、帰国しても日本語の勉強を続けるつもりです。

四、急に天気が変わって冷たい風（かぜ）がふきました。

五、実は、日本の文化について来週英語で話さなくてはいけません。

六、赤と青と黒のボールペンを買いました。

七、テニスの試合（あい）に連れて行ってもらいました。

八、実は、都合が悪いので試合に出られません。

九、赤ちゃんが生まれました。

十、あの人の目は茶色です。

LESSON 25 第二十五課
だい か

LISTENING AND SPEAKING

Objectives

Giving indirect commands and advice and asking for advice
Making statements with conditions attached

Points

- giving and seeking advice
- regretting
- telling about events that have gone contrary to expectations
- stating conditions

Sentences

1　（わたしが）辞書を使えば、（わたしは）日本語の新聞が読めます。

2　（あなたが）漢字が読めないときは、（あなたは）辞書を引けばいいです。

3　（わたしは）その映画を見ればよかった。

4　雨が降っているのに、あの人はテニスをしています。

Expressions

1　どうすればいいでしょう。（カ）　　　　　What should I do?　（ドリル　II）

2　プレイガイドで買えばいいですよ。　　　You should buy it at a play guide.　（ド
　　　　　　　　　　　　　　　　　　　　リル　II, III）

フォーメーション

1-1　Conditional forms

例）食べる　→　食べれば　　　　　　赤い　→　赤ければ

　　　　　　→　食べなければ　　　　　　　→　赤くなければ

　　ひま　→　ひまなら（ば）　　　　雨　→　雨なら（ば）

　　　　　　ひまじゃなければ　　　　　　　雨じゃなければ

1) 見る　　　→　　　　　　　11) 静か　　　→

2) 話す　　　→　　　　　　　12) 元気　　　→

3) 買う　　　→　　　　　　　13) 好き　　　→

4) 来る　　　→　　　　　　　14) きれい　　→

5) する　　　→　　　　　　　15) 便利　　　→

6) 暑い　　　→　　　　　　　16) 日曜日　　→
　　　　　　　　　　　　　　　　にちようび

7) 寒い　　　→　　　　　　　17) 休み　　　→

8) おいしい→　　　　　　　18) 新幹線　　→
　　　　　　　　　　　　　　　　しんかんせん

9) 白い　　　→　　　　　　　19) 用事　　　→

10) いい　　　→　　　　　　　20) 週末　　　→

1-2　～ば、～：Stating a condition and its consequence

例）（わたしは）辞書を使います：（わたしは）日本語の新聞が読めます

　→（わたしが）辞書を使えば、（わたしは）日本語の新聞が読めます。

1)（わたしは）めがねをかけます：（わたしは）遠くの字が見えます　→

2)（あなたは）走っていきます：（あなたは）あのバスに間に合うでしょう　→
　　　　　　　はし　　　　　　　　　　　　　　　　　　あ

3) 天気がいいです：（わたしは）車でどこかへ出かけるつもりです　→

4)（その品物は）高いです：（わたしはその品物を）買いません　→

5)（あなたは）朝ご飯を食べません：（あなたは）病気になります　→

6) テレビの番組はおもしろくありません：（わたしはその番組を）見ません　→

7)（あなたは）ひまです：遊びに来てください　→
　　　　　　　　　　　　あそ

8)（コンサートは）日曜日じゃありません：（わたしはコンサートに）行けません　→
　　　　　　　　にちようび

2 〜ばいい : Giving advice

例) （あなたは）漢字が読めません：（あなたは）辞書を引きます

→ （あなたが）漢字が読めないときは、（あなたは）<u>辞書を引け</u>ばいいです。

1) 電車がありません：（あなたは）タクシーをひろいます　→

2) （あなたは）結婚式に行きます：（あなたは）スーツを着ていきます　→

3) （あなたは）アパートをさがします：（あなたは）友だちに聞きます　→

3 〜ばよかった : Expressing regrets（I wish I had 〜）

regretだけど非難するよ！

例) その映画を見る　→　（わたしは）その映画を<u>見れ</u>ばよかった。

1) パーティーで飲みすぎない　→

2) 雨の中を走らない　→

3) もっと勉強する　→

4) もう少しせが高い　→

5) 鳥だ　→

4 〜のに、〜 : Although

例) 雨が降っています：あの人はテニスをしています

→ <u>雨が降っているのに</u>、<u>あの人はテニスをしています</u>。

1) （わたしは）宿題をしました：（わたしは）その宿題を家に忘れてしまいました　→

2) あの人に会いたいです：（あの人に）会えません　→

3) （わたしは）田中さんを1時間待ちました：（田中さんは）来ませんでした　→

4) （わたしは）きのう何もしませんでした：（わたしは）とてもつかれました　→

5) あの人は家が近いです：（あの人は）いつもちこくします　→

6) 日曜日です：（あなたは）仕事ですか　→

ドリル

I Stating conditions

A：<u>日本語の新聞が読め</u>ますか。

B：はい、<u>辞書を使え</u>ば<u>読め</u>ます。

日本語がわかる	ゆっくり話してもらう
ワープロが使える	マニュアルを見る
毎日料理する	いそがしくない
日曜日に山に行く	天気がいい
週末に出かける	ひま

II　Asking for advice (1)

A：<u>パスポートをなくした</u>ときは、どうすればいいでしょう。

B：<u>大使館に連絡すれ</u>ばいいですよ。

道がわからない <small>みち</small>	交番で聞く
電車がない	タクシーをひろう
宿題を忘れた	先生にあやまる
日本語がわからない	辞書を引く

III　Asking for advice (2)

A：<u>歌舞伎を見にいく</u>んですが、<u>どこでチケットを買え</u>ばいいでしょう。

B：<u>プレイガイドで買え</u>ばいいですよ。

歌舞伎を見に行く <small>か ぶ き</small>	どのくらい前に行く	10分ぐらい
	何に乗っていく	地下鉄
結婚式に行く	何を着ていく	スーツ
アパートをさがす	どこで聞く	不動産屋 <small>ふ どうさん や</small>
	いくらぐらいお金を用意する <small>よう い</small>	20万円ぐらい

IV　Regretting that you did/didn't do something

A：<u>ハイキング</u>はとても<u>よかった</u>ですよ。

B：そうですか。わたしも<u>行け</u>ばよかった。

コンサート	おもしろい	行く
げき	楽しい	見る
高山先生の話		聞きに行く
コンパ		さんかする

V Telling about something contrary to what was naturally expected

A : どうしたの。

B : 宿題をしたのに、家に忘れちゃったの／忘れちゃったんだ。

田中くんを１時間待っている	まだ来ない
スイッチを入れた	音が聞こえない
お金を入れた	きっぷが出ない
何度も手紙を出した	返事が来ない

ロールプレイ

CARD A

I Asking for/giving advice

You (a foreign student) are invited to attend a wedding. Ask a few questions concerning what you need to know about clothes, a gift, what to say, etc.

CARD B

I Asking for/giving advice

You give advice to a foreign student who is going to a Japanese wedding.

CARD A

II Talking about a plan with a condition

You suggest that B buy a bicycle.

CARD B

II Talking about a plan with a condition

A suggests you buy a bicycle. You can buy one as long as it is not too expensive.

GRAMMAR NOTES

1. Conditional (3): 〜ば

| S₁-ば、S₂ | If S₁, S₂ |

V-	ば
Adj-	ければ
AN	ならば
N	ならば

The predicate in -ば form connects two S's as condition and consequence; S₁ in -ば form is the condition and S₂ the consequence.

V-	なければ
Adj-	くなければ
AN	じゃなければ
N	じゃなければ

S₁ may be in the negative form to mean 'if not S₁, then....' The い of the negative suffix -ない is replaced by -ければ in this pattern, forming -なければ.

1) Conditional forms of verbs

| V-ば | if ... V,

The non-past conditional form of a vowel verb consists of the stem followed by -reba; the non-past conditional form of a consonant verb consists of the stem followed by -eba.

mi-reba （見れば）　　if ... looks/sees
oki-reba （起きれば）　　if ... gets up
ne-reba （寝れば）　　if ... goes to bed

94

tabe-reba （食べれば）	if ... eats
kak-eba （書けば）	if ... writes
oyog-eba （泳げば）	if ... swims
kas-eba （貸せば）	if ... lends
mat-eba （待てば）	if ... waits
kir-eba （切れば）	if ... cuts
ka-eba （買えば）	if ... buys
yob-eba （よべば）	if ... calls
yom-eba （読めば）	if ... reads
shin-eba （死ねば）	if ... dies

Note that consonant verbs whose stem ends in [w] drop this consonant before [e] because in modern Japanese [w] can appear only before [a].

The kana syllabary table illustrates the point from a different angle; i.e., the conditional forms of consonant verbs have the sounds in the [e]-row at the end of the stems.

w	r	m	b	n	t	s	g	k	
わ	ら	ま	ば	な	た	さ	が	か	a
い	り	み	び	に	ち	し	ぎ	き	i
う	る	む	ぶ	ぬ	つ	す	ぐ	く	u
え	れ	め	べ	ね	て	せ	げ	け	e
を	ろ	も	ぼ	の	と	そ	ご	こ	o

The negative conditional form adds -なければ to the stem.

mi-na-kereba （見なければ）	if ... doesn't look/see
kak-a-na-kereba （書かなければ）	if ... doesn't write
kaw-a-na-kereba （買わなければ）	if ... doesn't buy

The irregular verbs する and 来る show the same stem vowel change in the non-past conditional as in the non-past forms.

su-reba （すれば）	if ... does
ku-reba （来れば）	if ... comes
shi-na-kereba （しなければ）	if ... does not do
ko-na-kereba （来なければ）	if ... does not come

2) Conditional forms of adjectives

> Adj-ければ   if ... is Adj

The conditional form of adjectives consists of the stem followed by –ければ.

    taka-kereba（高ければ）   if ... is expensive

3) Conditional forms of adjectival nouns and nouns

AN　なら（ば）	if ... is Adj
N	if ... is N

The conditional form of the copula, which is used with predicate nouns and adjectival nouns, is ならば. The ば is often omitted.

    雨なら（ば）   if ... rains
    静かなら（ば）   if ... is quiet

The conditional form is used similarly to the –たら conditional (L18 GN4,Vol. 2), but it is open to a more hypothetical interpretation, represented here by the second translation.

    高ければ買いません。
    If it's expensive, I won't buy it.
    If it was expensive, I wouldn't buy it.

    急げばバスに間に合います。
    If you hurry, you can catch the bus.
    If you hurried, you could catch the bus.

    雨が降らなければ行きます。
    If it isn't raining, I'll go.
    If it weren't raining, I'd go. (If it were to rain, I wouldn't go.)

    おいしいかまずいか食べればわかります。
    If you try some, you'll know if it tastes good or not.
    If you tried some, you'd know if it tastes good or not.

    日曜日なら（ば）行けます。日曜日じゃなければ行けません。
    If it's on Sunday, I can go. If it's not on Sunday, I can't go.

    ひまなら（ば）遊びに来てください。
    If you are free, please come and visit me.

2. It'll be/it's all right if ～

> V–ば　いいです   Things will be all right if one does V

V-ばいい, literally meaning 'if V, then good', can be used in various situations. Giving advice is one such case. Here the speaker is suggesting a solution to a possible problem.

漢字が読めないときは、辞書を引けばいいです。
When you cannot read the kanji, consult a dictionary (and things'll be all right).

電車がないときは、タクシーをひろえばいいです。
If there is no train, take a taxi (and things'll be all right).

3. Expressing regrets   だけではない。願望もある

| S₁-ば　よかった | I wish I had ～ |

This pattern, a conditional sentence followed by よかった, which literally means 'was/had been good', expresses the speaker's regret for something that actually happened or did not happen to him. S₁ is something that involves the speaker and is contrary to fact.

その映画を見ればよかった。
I wish I had seen the movie. / I should've seen the movie.

あんなに飲まなければよかった。
I wish I hadn't drunk that much. / I shouldn't have drunk that much.

もう少しせが高ければよかった。
I wish I were a little taller.

鳥ならばよかった。
I wish I were a bird.

4. Although/Even though

| S₁ のに、S₂ | Although/Even though S₁, S₂ |

This pattern implies that under normal circumstances, if S₁ occurs, then something other than S₂ is expected to happen, but for some reason S₂ occurs. In other words, S₂ is something contrary to expectation.

When S₁ ends with an adjectival noun or a noun in the plain non-past form, it is followed by な before のに, as in the case of ので (L14 GN6, Vol. 2).

雨が降っているのに、あの人はテニスをしています。
Even though it is raining, he is playing tennis.

さっきたくさん食べたのに、もうおなかがすきました。
I ate a lot only a few minutes ago, but I'm already hungry.

あの人は家が近いのに、いつもちこくします。
Even though his home is nearby, he is always late.

元気なのに、寝てばかりいます。
He is healthy, but all he does is sleep.

日曜日なのに、仕事ですか。
Even though it is Sunday, do you have to work?

あの家にはだれも住んでいないのに、へんな音が聞こえます。
Even though nobody lives in that house, we hear strange sounds.

READING

何もないパーティー/A Party with Nothing to Eat

　パメラさんは空手部に入っています。日曜日に部の友達とパーティーをしました。パーティーの場所はレベッカさんのアパートでした。

　パーティーの日、パメラさんは朝早くから台所で料理をしました。パメラさんが、とり肉とぶた肉を使うフィリピンの料理、アドボを作っている時、ヤノスさんから電話がありました。話をしていて、アドボを作っていることを忘れて、失敗してしまいました。それで何も持っていくことができませんでした。

　テレサさんとチンさんは、いっしょに中国料理を作って、それを持って出かけました。電車の中で話をしていたので、駅に着いた時、料理を電車の中に忘れてしまいました。二人も何も持っていくことができませんでした。

　テレサさんとチンさんがレベッカさんのアパートに着いて、「ごめんください。」と言っても返事がありませんでした。家の中に入って行くと、レベッカさんが台所に立っていました。下を見ると、ケーキが落ちていました。

　楽しいパーティーは何もないパーティーになってしまいました。

場所（ばしょ）	N	place
とり肉（にく）	N	chicken
ぶた肉（にく）	N	pork
失敗（しっぱい）	N	mistake, failure
レベッカ	N	pn: Rebecca
ごめんください	Exp	Hello

□**読む前に**

友達の家でパーティーをする時、あなたはどんな料理を持って行きますか。

□**質問**

1. パメラさんは、日曜日にだれとパーティーをしましたか。

2. パーティーの場所はどこですか。

3. アドボは何ですか。

4. どうしてパメラさんは料理を失敗しましたか。

5. テレサさんとチンさんは何を作りましたか。

6. それはどうしましたか。

7. レベッカさんは何を作っていましたか。

8. それはどうしましたか。

□**話しましょう**

1. あなたの国の料理にはどんなものがありますか。

2. あなたの好きな日本の料理は何ですか。

□**書きましょう**

1. あなたの国の料理について書きましょう。

WRITING
[KANJI]

練習する (れんしゅうする): to practice

落ちる (おちる): to fall

結婚式 (けっこんしき): wedding ceremony

降る (ふる): to rain, snow, fall, come down

番組 (ばんぐみ): (television/radio) program

返事する (へんじする): to answer, reply

辞書 (じしょ): dictionary

新しい漢字

198

ことば	れんしゅう	魚
1さかな 魚 ・ 2さかなや 魚屋	魚 魚	くん / おん さかな
		いみ fish
	かきじゅん	
1 a fish 2 a fish shop	魚 魚 魚 魚 魚	` ` ` ` 角 角 角 角

199

ことば	れんしゅう	肉
1にく 肉 ・ 2ぶた肉 ・ 3にくや 肉屋	肉 肉	くん / おん にく
		いみ meat
	かきじゅん	
1 meat 2 pork 3 a butcher's shop, a meat shop	肉	丨 冂 内 内 肉

200

ことば	れんしゅう	野
1やさい 野菜	野 野	くん / おん や
		いみ field
	かきじゅん	
1 vegetables	野 里 里 里 野	丨 日 日 里 甲

ことば | **れんしゅう** | 鳥

1 とり 鳥

くん とり / おん

いみ a bird

かきじゅん
鳥 臼 ′
鳥 ′ 鳥 ′
鳥 ′ 户
鳥 ′ 户

1 a bird

ことば | **れんしゅう** | 牛

1 うし 牛・2 ぎゅうにく 牛肉・3 ぎゅうにゅう 牛乳

くん うし / おん ぎゅう

いみ a cow, an ox

かきじゅん
′
ト
ヒ
牛

1 a cow, a bull, an ox
2 beef
3 milk

ことば | **れんしゅう** | 犬

1 いぬ 犬

くん いぬ / おん

いみ a dog

かきじゅん
一
ナ
大
犬

1 a dog

ことば | **れんしゅう** | 飯

1 ごはん ご飯・2 あさごはん 朝ご飯・3 ひるごはん 昼ご飯・4 ばんごはん 晩ご飯・5 ゆうごはん 夕ご飯

おん はん

いみ meal, cooked rice

かきじゅん
飯 今 ′
飯 食 ノ
食 ケ
食 ′ 今
飯 今

1 cooked rice, a meal
2 a breakfast
3 a lunch
4 a supper
5 a supper

ことば | **れんしゅう** | 味

1 あじ 味・2 しゅみ 趣味・3 きょうみ 興味

くん あじ / おん み

いみ taste

かきじゅん
吽 ロ
味 ロ
味 ロ
ロ
ロ

1 taste, flavor
2 a hobby
3 an interest

WRITING

LESSON **25**

第二五課

書く練習

一、□さんは□菜は□べますが、□や□は□べません。

二、□で□を□いました。

三、ご□に□乳を□みます。

四、□方□にご□をやります。

五、わたしは、この□の□が好きです。

六、わたしの□趣□は□をかうことです。

七、□で□を□いました。

八、□の文化に□興□があります。

九、□に□の□散□に□きます。

十、わたしの□□はたくさん□をかっています。

読む練習

一、辞書を使って漢字を練習します。

二、テレビで料理番組を見ました。

三、結婚式に行けると返事しました。

四、雪が降っていても、犬の散歩に行きます。

五、勉強しなかったので、試験に落ちてしまいました。

六、魚屋と肉屋の間にパン屋があります。

七、晩ご飯にたくさん野菜を食べます。

八、わたしの趣味は、鳥の写真を写すことです。

九、国際政治に興味があります。

十、母の料理の味が忘れられません。

LISTENING AND SPEAKING

Objectives

Introducing oneself and conversing in formal settings

Points

- talking formally
- telephoning a superior and making an appointment

Sentences

1 （私は）きょう大学にまいります。

  先生はきょう大学にいらっしゃいます。

2 先生のお母様はお元気です。
   かあさま

  先生のお母様はお若いです。
   かあさま

  先生のお母様はお元気です。
   かあさま

3 （私は）学生でございます。

  会議は３時からでございます。

  ICU は三鷹にございます。
     みたか

Expressions

104 1 はい、けっこうです。　　That's fine (with me). （ドリル　Ⅳ）

↳肯定、否定　両方あり得る。

1 Special honorific and humble verbs

Plain (Dictionary Form)	Honorific	Humble
いる	いらっしゃる	おる
来る／行く	いらっしゃる	まいる
する	なさる	いたす
食べる／飲む	めしあがる	いただく
見る	ごらんになる	はいけんする
言う	おっしゃる	申す
知っている	ごぞんじだ	ぞんじている
会う	———————	お目にかかる

例) 大学に来る　→　私は大学にまいる　→　私は大学にまいります。

　　　　　　　　→　先生は大学にいらっしゃる　→　先生は大学にいらっしゃいます。

1) オフィスに行く　　　　→

2) 教室にいる　　　　　　→

3) 昼ご飯を食べる　　　　→

4) お茶を飲む　　　　　　→

5) 仕事をする　　　　　　→

6) 名前を言う　　　　　　→

7) 写真を見る　　　　　　→

8) 林 さんを知っている　→
   はやし

LISTENING
AND
SPEAKING

LESSON

26

第二六課

105

2-1 Plain/humble, polite/honorific nouns

人	方
家	お宅
きょうし	先生
住まい	お住まい
電話	お電話
料理	お料理
食事	お食事
仕事	お仕事
つもり	おつもり
連絡	ご連絡
都合	ご都合
出身 しゅっしん	ご出身 しゅっしん
家族	ご家族
両親	ご両親
ここ	こちら
どこ	どちら
どう	いかが
だれ	どなた

2-2 Plain/humble, polite/honorific adjectival nouns and adjectives

plain/humble	polite/honorific	plain/humble	polite/honorific
元気	お元気	若い	お若い

例) 元気だ　→　パメラさんは元気です。

　　　　　→　先生のお母様はお元気です。
　　　　　　　　　（かあさま）

　　若い　　→　パメラさんは若いです。

　　　　　→　先生のお母様はお若いです。
　　　　　　　　　（かあさま）

1) いそがしい　　　→

2) きれいだ　　　　→

3) せが高い　　　　→

4) あしたはひまだ　→

5) やさしい人だ　　→

6) 映画が好きだ　　→

LISTENING
AND
SPEAKING

LESSON
26
第二六課

106

3 Plain, honorific, humble/very polite forms of です and ある

例）会議は３時からです　　→　会議は３時からでございます。

ICU は三鷹にあります　→　ICU は三鷹にございます。
〔み たか〕 〔み たか〕

Plain	Honorific	Humble/Very polite
先生だ 会議は３時からだ	先生でいらっしゃる	きょうしでございます☆ 会議は３時からでございます
ここに銀行がある		ここに銀行がございます

☆ The dictionary form ござる is no longer used. Use ございます at all times.

1) 会場はそこです　　　　→
　　〔かいじょう〕

2) 次は８階です　　　　　→

3) 私はスミスです　　　　→

4) あそこにお手洗いがあります　→

5) ８階にレストランがあります　→

6) 先生のお母さんは元気です　→
　　　　　〔か あ〕

7) 先生はあしたひまです　　　→

8) 出身はどこですか　　　　　→
　　〔しゅっしん〕

ドリル

I Talking formally (1)

A：お名前は何とおっしゃいますか。

B：Ｂと申します。

――― A ―――	――― B ―――
出身はどこですか。 〔しゅっしん〕 いつ日本に来ましたか。 住まいはどこですか。 両親はどこに住んでいますか。 専攻は何ですか。 〔せんこう〕 将来、どんな仕事をするつもりですか。 〔しょうらい〕	Give your own response.

II Talking formally (2)

A：お休みの日は何をなさいますか。

B：友人と出かけたり、スポーツをしたりいたします。

A		B
買い物に行きますか。	毎日いそがしいですか。	Give
映画が好きですか。	都合がいいですか。	your
スポーツをしますか。	あしたはうちにいますか。	own
日本の食べ物が好きですか。	ビールを飲みますか。	response.
週末はひまですか。	山田さんを知っていますか。	

Ⅲ　On the phone: Asking if someone is there

A：もしもし、<u>山川先生</u>はいらっしゃいますか。

B：はい、おります。　　　　B：いいえ、<u>山川</u>は今出かけております。

Bさんの家族	Bさんの会社
父　　　　母	社長　　　部長 （ぶちょう）
弟（太郎）　妹（まりこ） （たろう）	田中さん

Ⅳ　Telephoning a superior and making an appointment

A：あのう、ご都合がよかったら（よろしかったら）<u>水曜日</u>にお目にかかりたいんですが。
　　　　　　　　　　（すいようび）

B：いいですよ。　　　　　　　B：そうですね。<u>その日は都合が悪い</u>
　　じゃ、<u>2時</u>にいらっしゃってください。　　のので、<u>木曜日の2時</u>はいかがです
　　　　　　　　　　　　　　　　　　　（もくようび）
　　　　　　　　　　　　　　　　　か。

A：はい、では<u>水曜日の2時</u>にまいります。　A：はい、けっこうです。
　　　　（すいようび）
　　よろしくお願いいたします。　　　　　　　<u>木曜日の2時</u>にまいります。
　　　　　　　　　　　　　　　　　　　　（もくようび）

来週	Give
月曜日 （げつようび）	your
午前中	own
午後	response.

LISTENING
AND
SPEAKING

LESSON
26
第二六課

108

CARD A

I Introducing oneself in a formal situation

Include your name, where you are from, your major, daily life, your future plans.

CARD A

II At a company's reception desk

You go to a company's reception desk. Tell the receptionist that you have an appointment with ____ at ____ o'clock.

CARD B

II At a company's reception desk

You are the receptionist. Greet A and help him/her.

GRAMMAR NOTES

1. Honorific, humble, and very polite expressions

Different linguistic forms are used to show respect to others, depending on 1) who is being spoken to and/or 2) who or what is being talked about, and 3) the formality of the situation.

There are two ways the speaker can show respect for the addressee : 1) elevating the addressee by using honorific forms, and 2) the speaker lowering him- or herself by using humble forms.

The formality of a situation sometimes calls for very polite forms, such as with public announcements and speeches.

1) Honorific and humble verbs
Some verbs have corresponding honorific and humble verbs. They correspond semantically, but no basic phonetic similarities exist among them.

Plain (Dictionary Form)	Honorific	Humble
いる	いらっしゃる	おる
来る／行く	いらっしゃる	まいる （うかがいます）
する	なさる	いたす
食べる／飲む	めしあがる	いただく
見る	ごらんになる	はいけんする
言う	おっしゃる	申す
知っている	ごぞんじだ	ぞんじている
会う	———	お目にかかる

When using an honorific verb, the subject must be older or superior to the speaker. When using a humble verb, the subject must be either the speaker himself or his うち members.

お聞きになる
聞く
うかがう

先生は大学にいらっしゃいます。
The teacher comes/goes to the university.

私は大学にまいります。
I come/go to the university.

先生は教室にいらっしゃいました。
The teacher was in the classroom.

私は教室におりました。
I was in the classroom.

先生は林さんをごぞんじです。
The teacher knows Mr. Hayashi.

私は林さんをぞんじています。
I know Mr. Hayashi.

先生はコーヒーをめしあがりました。
The teacher drank coffee.

私はコーヒーをいただきました。
I drank coffee.

Note that the object of the humble verb はいけんする／はいけんいたす has to be something that belongs to, or is connected with, someone to whom the speaker is showing respect, such as the addressee, teachers, superiors, etc., as in the following examples:

私は先生の絵をはいけんしました。
I enjoyed/appreciated the teacher's painting(s).

先生：先週の週末は何をしましたか。
What did you do last weekend?

学生：*友達と映画をはいけんしました。(Should be: 友達と映画を見ました。)
I saw a movie with a friend.

* indicates that the sentence is incorrect.

2) Honorific nouns, adjectives, and adjectival nouns

(1) Honorific and humble nouns
When honorific verbs are used, it is appropriate to use honorific nouns, adjectives, and adjectival nouns as well. When humble verbs are used, plain nouns, adjectives, and adjectival nouns are used.

The honorific prefix お- is generally attached to native Japanese nouns such as 住まい and つもり, and ご- is attached to Sino-Japanese nouns (i.e., kanji compounds) such as 都合 and 家族, as shown in フォーメーション2-1.

Honorific	Humble
先生のお住まいはどちらですか。 Where is your residence, Professor? Where do you live, Professor?	私の住まいはここです。 My home is here. I live here.
お食事はどなたとなさいますか。 With whom do you have meals?	食事は家族といたします。 I have meals with my family.

(2) Honorific adjectives and adjectival nouns
Honorific adjectives and adjectival nouns behave just the same as nouns do. Use the

honorific prefix お- or ご-, accordingly.

Polite/Honorific	Plain/Humble
お若い <small>わか</small> おいそがしい	若い <small>わか</small> いそがしい
お元気 <small>げん き</small> ご親切 <small>しんせつ</small>	元気 <small>げん き</small> 親切 <small>しんせつ</small>

<u>Honorific</u>

先生のお母様はお元気です。
<small>せんせい　　　か あ さま　　　げん き</small>
The teacher's/professor's mother is fine.

先生のお母様はお料理をなさるのがお好
<small>せんせい　　　か あ さま　　　りょう り　　　　　　　　　　　　　す</small>
きです。
The teacher's/professor's mother likes to cook.

<u>Humble</u>

私は元気です
<small>わたくし　げん き</small>
I am fine.

私は料理をするのが好きです。
<small>わたくし　りょう り　　　　　　　　す</small>
I like to cook.

3) Honorific, humble, and very polite forms of -だ and ある

The honorific counterpart of the copula -だ is -でいらっしゃる, and its humble counterpart, -でござる. Their -ます forms are -でいらっしゃいます and -でございます, respectively. Note, however, that -でございます must be used at all times because the dictionary form -でござる is no longer used in modern Japanese.

　The verb ある has its corresponding humble verb ございます, and just as with -でござる, the dictionary form ござる is no longer used. The humble verbs -でございます and -ございます are used in very polite situations such as public announcements or speeches. Do not confuse ございます with -でございます, which is quite common since they sound almost identical.

		Plain	Honorific	Humble/Very Polite
だ		先生<u>だ</u>。 <small>せんせい</small> He is a teacher. 会議は3時<u>から</u>だ。 <small>かい ぎ　　じ</small> The conference is from 3:00 P.M.	先生<u>でいらっしゃる</u>。 <small>せんせい</small> He is a teacher. -------------	きょうし<u>でございます</u>。 I am a teacher. 会議は午後3時から<u>で</u> <small>かい ぎ　ご ご　じ</small> <u>ございます</u>。 The conference is from 3:00 P.M.
ある		ここに銀行が<u>ある</u>。 <small>ぎんこう</small> There is a bank here.	-------------	ここに銀行が<u>ございま</u> <small>ぎんこう</small> <u>す</u>。 There is a bank here.

READING

インタビュー記事（新聞）/Newspaper Interview

—— 山田さんの新しい写真集をはいけんしました。

山田　ありがとうございます。

—— テーマは「子ども」ですが、どうしてそのテーマになさったのですか。

山田　そうですね。子どもはいつもいっしょうけんめいですからね。遊んでいる時も、泣いている時も、笑っている時も。それがとても印象的だからです。

—— この写真集のために、いろいろな国にいらっしゃったそうですね。

山田　ええ、40か国ぐらい。

—— いかがでしたか。

山田　どこでも、子どもは元気です。子どもからエネルギーを感じることができますね。たくさんの子どもに会って、私ももう一度子どもになりたいと思いました。でも、これは無理ですね。

—— 山田さんはイタリアで写真の勉強をなさいましたね。

山田　ええ、そうです。明るい国ですから、明るい写真のとり方を習いました。例えば、光の使い方や、色の出し方ですね。

—— 次のテーマを考えていらっしゃいますか。

山田　そうですね。若い人たちの写真をとってみようと思っています。仕事、恋、学校、スポーツ、いろいろなところで若い人たちの顔をさがしたいですね。

—— そのお仕事も外国でなさいますか。

山田　いや、今年は日本で仕事をしたいと思っています。

—— きょうは、どうもありがとうございました。

記事（きじ）	N	article
テーマ	N	theme
いっしょうけんめい	Adv	to be in the state of doing one's best
遊（あそ）ぶ	V$_i$	play
泣（な）く	V$_i$	cry
笑（わら）う	V$_i$	laugh
印象的（いんしょうてき）	AN	impressive
〜か国（こく）		counter for countries
エネルギー	N	energy
無理（むり）	AN	impossible
恋（こい）	N	love

□**読む前に**

インタビューする人とインタビューを受ける人と、どちらのほうがていねいな言葉を
　使いますか。

□**質問**

1. 山田さんの仕事は何ですか。

2. インタビュアーは何について聞きましたか。

3. 山田さんのその仕事のテーマは何でしたか。

4. どこでその仕事をしましたか。

5. 山田さんは、どこで何を勉強しましたか。

6. 山田さんのこれからの予定は何ですか。

□**話しましょう**

1. Honorific and humble forms を使って、インタビューをしてみましょう。
　（テープにとる）

□**書きましょう**

1. 上のテープを使って、インタビュー記事を書きましょう。

WRITING
[KANJI]

読み方を覚えましょう

光（ひかり）: light, ray, beam

感じる（かんじる）: to feel

無理（むり）: impossible, unreasonable, unnatural

専攻（せんこう）: one's speciality, one's major

〜様（〜さま）: Mr./Ms.

〜階（〜かい）: story, floor

会議（かいぎ）: meeting

新しい漢字

206

ことば	れんしゅう	知
1 知っている・2 知らせる	知 知	くん: し(る) / おん
		いみ: to know, to inform

かきじゅん: 知 知 知 ／ ′ ← ← チ 矢

1 to know
2 to inform

207

ことば	れんしゅう	方
1 あの方・2 読み方・3 夕方	方 方	くん: かた・がた / おん: ほう
		いみ: a way (of doing), a person, direction

かきじゅん: 、一 亠 方

1 that person (honorific)
2 how to read
3 evening

208

ことば	れんしゅう	力
1 力	力 力	くん: ちから / おん
		いみ: power

かきじゅん: フ 力

1 power

115

ことば	れんしゅう	工
1 こうぎょう 工業	工 工	**くん**　**おん** こう
		いみ manufac- ture
	かきじゅん	
		一 丁 工
1 the industries, manufacturing		

ことば	れんしゅう	立
1 た 立つ	立 立	**くん**　**おん** た(つ)
		いみ to stand up
	かきじゅん	
		、 亠 宀 立
1 to stand up		

ことば	れんしゅう	私
1 わたくし 私	私 私	**くん**　**おん** わたくし
		いみ I
	かきじゅん	
		私 私　一 二 千 禾 禾
1 I (polite)		

ことば	れんしゅう	走
1 はし 走る	走 走	**くん**　**おん** はし(る)
		いみ to run
	かきじゅん	
		走 走　一 十 土 キ キ
1 to run		

ことば	れんしゅう	起
1 お 起きる・ 2 お 起こす	起 起	**くん**　**おん** お(きる) お(こす)
		いみ to get up, to wake up
	かきじゅん	
		走 走 起　一 十 起　土 キ 起　キ
1 to get up, 　to happen 2 to wake up, 　to cause		

WRITING

LESSON
26

第二六課

書く練習

一、□は□と申します。

二、□□きてから、公園で□っています。

三、あの□はどなたですか。

四、この□の□み□を□っていますか。

五、あの□は□が□いです。

六、□だちといっしょにご□を□りました。

七、□の□について研究しています。

八、あしたの□に、新宿の□きな□の□で□っています。

九、あしたの□、□に□こしてください。

十、□は□□に□んでおります。

読む練習

一、あの方が山田様です。

二、この品物はあのデパートの四階で売っています。

三、目で光を感じることができます。

四、私の専攻は美術です。

五、夜おそくまで勉強していたので、早く起きるのは無理です。

六、夕方から会議があるのを知っていますか。

七、正しい走り方で走りましょう。

八、とてもつかれていて立つ力がありません。

九、西町は工業で有名です。

十、田中様は、この会社の十二階で働いていらっしゃいます。

LESSON 27 第二十七課
_{だい} _か

LISTENING AND SPEAKING

Objectives

Comprehending and responding appropriately in public situations
Making a polite request

Points

- making a request of a superior
- making indirect complaints
- offering assistance politely
- conferring with someone

Sentences

1　田中先生が日本語を
$\left\{\begin{array}{l}\text{お教えになります。}\\\text{教えられます。}\end{array}\right.$

2　私が先生の荷物を
$\left\{\begin{array}{l}\text{お持ちします。}\\\text{お持ちいたします。}\end{array}\right.$

3　パンフレットをよくお読みください。

1 ［お/ご］-V になる : Honorific verb phrases

Plain (Dictionary Form)	Honorific	
	［お/ご］-V ます stem＋になる	V stem-(r)are-る
話す	お話し　に　なる	話される
教える	お教え　に　なる	教えられる
出席する	ご出席　に　なる	出席される

例）教える　→　先生がお<u>教え</u>になる　→　先生がお<u>教え</u>になります。

　　　　　　　→　先生が<u>教え</u>られる　→　先生が<u>教え</u>られます。

1) 書く　　　　　　　→　　　　6) 使う　　　　　　→

2) 待つ　　　　　　　→　　　　7) 会う　　　　　　→

3) 休む（＝寝る）　　→　　　　8) 電話をかける　　→

4) 読む　　　　　　　→　　　　9) 説明する　　　　→

5) 帰る　　　　　　　→　　　　10) 研究する　　　　→

2 ［お/ご］-V する／［お/ご］-V いたす : Humble verb phrases

Plain (Dictionary Form)	Humble	
	Humble	More Humble
	［お/ご］-V ます stem＋する	［お/ご］-V ます stem＋いたす
話す	お話し　する	お話し　いたす
教える	お教え　する	お教え　いたす
説明する	ご説明　する	ご説明　いたす

例）持つ　→　（私が）お<u>持ち</u>する　　→　（私が）お<u>持ち</u>します。

　　　　　→　（私が）お<u>持ち</u>いたす　→　（私が）お<u>持ち</u>いたします。

1) 書く　　　　→　　　　　6) 手伝う　　　　→

2) 話す　　　　→　　　　　7) 電話する　　　→

3) 待つ　　　　→　　　　　8) 予約する　　　→

4) 取る　　　　→　　　　　9) 連絡する　　　→

5) 払う　　　　→

3　（お／ご）-V　ください：Honorific requests

例）読んでください　　→　お読みください。

　　出席してください　→　ご出席ください。

1) ここで降りてください　　　　　　→　　6) その部屋を使ってください　　　→

2) あした電話してください　　　　　→　　7) しばらく待ってください　　　　→

3) 1日3回この薬を飲んでください　→　　8) パンフレットを取ってください　→

4) このいすにかけてください　　　　→　　9) あさってまでに予約してください→

5) 10時までに帰ってください　　　　→　　10) 部屋に入ってください　　　　　→

ドリル

Ⅰ　Talking about travel plans at a travel agency

A：どちらにいらっしゃいますか。

B：沖縄へ行こうと思っているんですが。
　　おきなわ

A：いつごろご出発になりますか。

B：5月1日です。

A：どのぐらいごたいざいになりますか。

B：6日の予定です。

	1	2	3	4
行き先（どこへ）	タイ	ヨーロッパ	ロシア	ハワイ
時期（いつ）	3月の初め	6月の終わり	8月15日	12月30日
期間（どのくらい）	1週間	10日	8日	2週間

Ⅱ　Making a polite offer

A：これをお使いになりますか。

B：はい、ありがとうございます。　　　　B：いいえ。ありがとうございます。

LISTENING
AND
SPEAKING

LESSON
27
第二七課

120

このざっしを読む	ここで待つ
ここに座る	ここで休む
このペンで書く	

Ⅲ Offering help politely; Accepting/Refusing it

Ａ：お持ちしましょうか。

Ｂ：すみません。お願いします。　　　Ｂ：けっこうです。自分で持ちますから。

───── ＡさんはＢさんのために ─────	
コピーを取って(あげる)	コーヒーを入れてあげる
手紙を出してあげる	タクシーをよんであげる

? さしあげる(?)

Ⅳ Making a polite request   *①GNに説明がない。427い。*

（Ａさんは、大学院に入りたいです。それで、推薦状を書いてもらいたいです。）

Ａ：すみません。推薦状を書いていただきたいんですが。

Ｂ：はい、いいですよ。

───── Ａさんは ─────		
わからないところがある	１人で行けない	Make
ここにサインが必要だ	本を見たい	your own
手紙が読めない		request.

Ⅴ Making indirect complaints

（となりの部屋でパーティーをしています。うるさいので、静かにしてもらいたいです。）

Ａ：すみません。もう少し静かにしていただきたいんですが。

Ｂ：はい、すみません。

───── こまっていること ─────		
タバコをすっている人がいる	声が聞こえない	Make
子どもがうるさい	ステレオの音がうるさい	your own
本を返してくれない		request.

CARD A

I Asking a professer to write a letter of recommendation

In order to apply for a scholarship you must ask Professer B for a letter of recommendation. You have a special form and a time limit.

CARD B

I Asking a professer to write a letter of recommendation

A student asks you to write a letter of recommendation. Ask if there is a special form or time limit.

CARD A

II Making an appointment with one's guarantor

You call your guarantor and greet him/her and request an appointment. Arrange the day and time.

CARD B

II Making an appointment with one's guarantor

You are A's guarantor and are asked to meet with him/her.

LISTENING
AND
SPEAKING

LESSON

27

第二七課

122

GRAMMAR NOTES

In Lesson 26 you studied honorific and humble verbs that are completely distinct from their dictionary forms. Here we will look at honorific and humble forms of verbs that do not have distinctive honorific and humble counterparts. They are formed according to the following rules.

1. Honorific verb phrases

Plain	Honorific	
	お-V ます stem＋になる ご／お-kanji compound＋になる	V stem-(r)are-る kanji compound＋される
話す <ruby>はな</ruby> 教える <ruby>おし</ruby> 出席する <ruby>しゅっせき</ruby>	お話しになる <ruby>はな</ruby> お教えになる <ruby>おし</ruby> ご出席になる <ruby>しゅっせき</ruby>	話される <ruby>はな</ruby> 教えられる <ruby>おし</ruby> 出席される <ruby>しゅっせき</ruby>

There are two ways to make the honorific form of verbs.

1) Attach になる to the ます stem and then place お in the initial position. For Sino-Japanese compound verbs (i.e., kanji compound ＋する), such as 出席する, place ご or お in the initial position and になる at the end of the compound.

話す　→　話し-ます　→　話し＋になる　→　お＋話し＋になる

出席する　→　出席　→　出席＋になる　→　ご＋出席＋になる

2) Attach the suffix -(r)are- to the verb stem. For vowel verbs, attach -rare-る; for consonant verbs, attach -are-る.

vowel verbs:　　　oshie-ru（教える）　→　oshie-rare-ru（教えられる）

consonant verbs: kak-u（書く）　　　→　kak-are-ru（書かれる）

　　　　　　　　　oyog-u（泳ぐ）　　→　oyog-are-ru（泳がれる）

　　　　　　　　　hanas-u（話す）　　→　hanas-are-ru（話される）

たくなられる

mats-u （待つ）　→　mat-are-ru （待たれる）
shin-u （死ぬ）　→　shin-are-ru （死なれる）
yob-u （よぶ）　→　yob-are-ru （よばれる）
yom-u （読む）　→　yom-are-ru （読まれる）
kaer-u （帰る）　→　kaer-are-ru （帰られる）
ka(w)-u （買う）　→　kaw-are-ru （買われる）

The irregular verb する is changed into される.

出席する　→　出席される
しゅっせき　　　　　しゅっせき

田中先生がお教えになります。　　Professor Tanaka teaches.
たなかせんせい　　おし

田中先生が教えられます。　　　　Professor Tanaka teaches.
たなかせんせい　　おし

時代劇ぽい
→ ～いたします。

2. Humble verb phrases

Plain	Humble	
	humble	more humble
	お-V ます stem＋する	お-V ます stem＋いたす
	ご-／お-kanji compound＋する	ご／お-kanji compound＋いたす
話す はな 教える おし 説明する せつめい	お話しする はな お教えする おし ご説明する せつめい	お話しいたす はな お教えいたす おし ご説明いたす せつめい

The humble form of verbs is made similarly to the honorific form; namely, you attach
する to the ます stem and then attach お to the initial position.

話す　→　話し＋する　→　お＋話し＋する　　　濁まみ切ると、～さ切ると
はな　　　　はな　　　　　　　はな　　　　　　　するかも(?)
教える　→　教え＋する　→　お＋教え＋する
おし　　　　おし　　　　　　おし

For Sino-Japanese (kanji) compound verbs, such as 説明する, simply attach ご or お
せつめい
to the initial position of the verb.

説明する　→　ご＋説明する
せつめい　　　　　　せつめい

To be more humble, the verb いたす, which is the humble form of する, is used.

話す　→　話し＋する　→　お＋話し＋する　→　お＋話し＋いたす
はな　　　はな　　　　　　はな　　　　　　　はな

説明する　→　ご＋説明する　→　ご＋説明＋いたす
せつめい　　　　　　せつめい　　　　　　　せつめい

わたしがお持ちします。　　　　I'll take/carry it.
も

わたしがお持ちいたします。　　I'll take/carry it.
も

3. Honorific requests

お-V ます stem　　くださいい
ご-

Please V

When making a request to someone you respect or who is socially superior, use this pattern instead of V-てください. This pattern is often used in very polite situations, such as in public announcements, speeches, and so on.

Attach ください to the ます stem of the verb and then add お to the initial position. For the noun + する verbs, simply drop する and add ください, and then add ご or お to the initial position.

読んでください　→　お＋読み＋ください

出席してください　→　ご＋出席＋ください

こちらにお名前をお書きください。　　Please write your name here.

あしたお電話ください。　　　　　　　Please call me tomorrow.

[handwritten note] お／ご は を 動詞には。

READING

手紙 / Letter

推薦状をお願いする
すいせんじょう

山田一郎先生

拝啓

　寒くなってまいりましたが、いかがお過ごしでいらっしゃいますか。私もおかげさまで元気にしております。今は卒業論文を書くために毎日図書館で勉強しています。

　きょうは先生にお願いがございます。私は、卒業したら、ヒートン大学の大学院で勉強したいと思っております。それで、先生に推薦状をお願いしたいのですが、書いていただけませんでしょうか。おいそがしいところ本当に申しわけございませんが、推薦状は、来月8日までに必要ですので、できましたら今月末までにお願いいたします。

　これからますます寒くなりますが、どうぞお体を大切に。

敬具

1996年11月1日

ジョージ・マッシュ

一郎（いちろう）	N	pn: Ichiro
拝啓（はいけい）		opening word in a formal letter
おかげさまで	Exp	thanks to your kindness
おいそがしいところ	Exp	when you are busy
ますます	Adv	more and more
敬具（けいぐ）		closing word in a formal letter

あなたはどんなとき、たのむ手紙を書きますか。

□質問

1. マッシュさんはいつこの手紙を書きましたか。
2. マッシュさんは何のために毎日図書館に行っていますか。
3. マッシュさんは先生に何をたのみましたか。
4. なぜそれが必要ですか。
5. それはいつまでに必要ですか。

□話しましょう

1. 先生と学生になって、推薦状をたのむ練習をしましょう。

□書きましょう

1. だれかに推薦状をたのむ手紙を書きましょう。あなたの理由を考えてください。

WRITING
[KANJI]

読み方を覚えましょう

出席する（しゅっせきする）: to attend, be present

過ごす（すごす）: to spend, pass

卒論（そつろん）: （＝卒業論文）graduation thesis

推薦状（すいせんじょう）: letter of recommendation
すいせん

払う（はらう）: to pay

降りる（おりる）: to get off

新しい漢字

214

ことば	れんしゅう	研
1けんきゅう 研究する	研 研	くん ／ おん けん
		いみ
		to re- search
	かきじゅん	
		石 一
		矴 丆
		研 石
		研 石
1 to study, to do research		石

215

ことば	れんしゅう	究
1けんきゅう 研究する	究 究	くん ／ おん きゅう
		いみ
		to persue
	かきじゅん	
		空 `
		究 宀
		宀
		宀
1 to study, to do research		宀

216

ことば	れんしゅう	室
1きょうしつ 教室・ 2けんきゅうしつ 研究室	室 室	くん ／ おん しつ
		いみ
		room
	かきじゅん	
		宏 `
		宮 宀
		室 宀
		室 宀
1 a classroom 2 a study room, an (a profes- sor's) office		

217 空

ことば	れんしゅう	空
1 そら 空 ・ 2 あ 空く ・ 3 くうき 空気	空 空	くん そら・あ（く）　おん くう
		いみ the sky, empty
		かきじゅん　空 空 空　／ ｀ 宀 宀 宀 空

1 the sky
2 to become empty/vacant
3 air

218 紙

ことば	れんしゅう	紙
1 かみ 紙 ・ 2 てがみ 手紙	紙 紙	くん かみ・がみ　おん
		いみ paper
		かきじゅん　糸 糸 糸 糸 紙 紙 紙 紙 紙 紙

1 paper
2 a letter

219 発

ことば	れんしゅう	発
1 しゅっぱつ 出発する	発 発	くん　おん はつ・ぱつ
		いみ to start
		かきじゅん

1 to leave, to depart

220 売

ことば	れんしゅう	売
1 う 売る	売 売	くん う・（る）　おん
		いみ to sell
		かきじゅん　売 売　一 十 土 士 売

1 to sell

221 風

ことば	れんしゅう	風
1 かぜ 風	風 風	くん かぜ　おん
		いみ wind
		かきじゅん　同 風 風 風　） 几 几 凨 同

1 a wind

一、□（にほん）の音楽を□（けんきゅう）しています。

二、□（あお）い□（そら）がとてもきれいです。

三、この□□（きょうしつ）から□□（せんせい）の□□□（けんきゅうしつ）まで□（ほん）を□（はこ）びました。

四、□（とも）だちから□□（てがみ）が□（き）ました。

五、□（かぜ）がふくと冷たい□□（くうき）を感じます。

六、ここでは□□（せかい）の□（た）べ□（もの）を□（う）っています。

七、成田空港を□□（ごご）□に□□（しゅっぱつ）する予定です。

八、□□（けんきゅう）は□（かんじ）について□□（けんきゅう）しております。

九、□□（いろいろ）な□（かみ）のきれいな□（いろ）を□（う）っています。

十、□（こん）度の□（どようび）曜に□（てがみ）すると□（か）いてあります。

一、ざんねんですが、結婚式に出席できません。

二、毎年夏は山で過ごします。

三、山田先生の研究室で、卒論について相談しました。

四、外国の会議に出席するために、きょう午前十一時に成田空港を出発しました。

五、手紙で、先生に推薦状をお願いしました。

六、このバスは乗る時にお金を払いますか。それとも降りる時にお金を払いますか。

七、教室のまどを開けると冷たい風が入ってきました。

八、北町は空気がきれいで有名です。《なつこし》

九、地下鉄を降りたら、駅で電話してください。

十、夏休みは青い空の下で、本を読みながら過ごしたいです。

LISTENING AND SPEAKING

Objectives

Talking about experiences from the viewpoint of the person affected
Making objective descriptions of historical facts

Points

- describing facts
- telling about pleasant and unpleasant experiences

Sentences

1　カレンさんは先生にほめられました。

　　「ハムレット」はシェークスピアによって書かれました。

2　（わたしは）晩ご飯を食べないで、（わたしは）寝ました。

Expressions

1　うれしそうですね。　　　　　　You look happy.　（ドリル　I）

2　それはよかったですね(え)。　　That's wonderful. / That's nice.　（ドリル　I）

3　ええ、それが…雨に降られて　　As a matter of fact, I got rained on.　（ドリル
　　こまりました。　　　　　　　II）

4　それはたいへんでしたね。　　　That's too bad.　（ドリル　II）

131

フォーメーション

1-1 Passive form of verbs

例) ほめる　　→　ほめられる　→　ほめられます

1) なく　　　　→　　　　　　6) さそう　　→
2) 起こす　　　→　　　　　　7) よぶ　　　→
3) 降る　　　　→　　　　　　8) 助ける　　→
4) 入る　　　　→　　　　　　9) 来る　　　→
5) しかる　　　→　　　　　　10) 招待する　→
　　　　　　　　　　　　　　　　しょうたい

1-2

例) 先生はカレンさんをほめました　→　カレンさんは先生にほめられました。

1) 先生はリーさんをオフィスによびました　→
2) 林さんはパメラさんをパーティーに招待しました　→
　　はやし　　　　　　　　　　　　　　　　しょうたい
3) キムさんはチェンさんを映画にさそいました　→

1-3

例) 知らない人がジョンさんに道を聞きました　→　ジョンさんは知らない人に道を聞か
　　　　　　　　　　みち　　　　　　　　　　　　　　　　　　　　　　　　　　　みち
れました。

1) 先生は学生に発音を注意しました　→
　　　　　　　　はつおん
2) ジョンさんは先生に質問をしました　→
3) 友だちのお母さんはわたしに仕事をたのみました　→
4) パーティーで友だちがわたしにパメラさんを紹介しました　→
　　　　　　　　　　　　　　　　　　　　　　　しょうかい

1-4

例) 友だちがわたしのケーキを食べました　→　わたしは友だちにケーキを食べられました。

1) 電車の中でだれかがわたしの足をふみました　→
2) 弟がわたしの時計をこわしました　→
3) 先生はキムさんの作文をほめました　→

LISTENING
AND
SPEAKING

LESSON
28
第二八課

1-5

例）雨が降りました　→　わたしは雨に降られました。

1) 2年前に父が死にました　→

2) となりのうちの赤ちゃんがなきました　→

3) 友だちがわたしの部屋に来ました　→

4) どろぼうが田中さんのうちに入りました　→

1-6

例）若い人はよくまんがを読みます　→　まんがは若い人によく読まれます。

1) 外国人は英字新聞を読んでいます　→

2) 多くの留学生は電子辞書を使っています　→

例）シェイクスピアが「ハムレット」を書きました

　　→　「ハムレット」はシェイクスピアによって書かれました。

1) ピカソがこのえをかきました　→

2) 1876年にベルが電話を発明しました　→

例）（だれかが）6世紀にこのてらを建てました

　　→　このてらは（だれかによって）6世紀に建てられました。

1) （人々は）お酒を米から作ります　→

2) 1964年に（人々は）東京でオリンピックを開きました　→

1-7

例）友だちが（こまっている）わたしを助けました——（わたしはうれしかったです）

　　→　わたしは友だちに助けてもらいました。

1) 田中さんがチェンさんに日本語を教えました　→　チェンさんは（　　）

2) クラブの先輩がキムさんの話を聞きました　→　キムさんは（　　）

3) 山田さんがリーさんをレストランに連れて行きました　→　リーさんは（　　）

4) 先生はわたしの作文を直しました　→　わたしは（　　）

2　〜ないで、〜

例）（わたしは）きのうは晩ご飯を食べませんでした：（わたしは）寝ました

　　→　（わたしは）きのうは晩ご飯を食べないで、（わたしは）寝ました。

1) えんりょしないでください：たくさんめしあがってください　→

2) 辞書を使わないでください：この本を読んでください　→

3) （みなさんは）準備運動をしません：（みなさんは）運動をしてはいけません　→

4) （わたしは）宿題をしませんでした：（わたしは）クラスに出ました　→

I Telling about pleasant experiences

A：うれしそうですね。何かあったんですか。

B：ええ、実は、<u>先生</u>に<u>ほめられた</u>んです。

A：それはよかったですねえ。

> 田中さんがBさんをデートにさそった
>
> すてきな人がBさんに話しかけた
>
> スミスさんがBさんを映画にさそった
>
> 山田さんがBさんをパーティーに招待した
> しょうたい

II Telling about unpleasant experiences

A：この間の<u>ハイキング</u>はどうでしたか。

B：ええ、それが…<u>雨に降られ</u>て、こまりました。

A：それはたいへんでしたね。

コンサート	子どもがないた
試験	（先生が）むずかしい問題を出した
パーティー	友だちがCDプレーヤーをこわした
旅行	友だちがきっぷをなくした
おまつり	（すりが）さいふを取った
旅行	（どろぼうが）パスポートをぬすんだ

LISTENING
AND
SPEAKING

LESSON
28
第二八課

Ⅲ Talking about your everyday life (1): Pleasant and unpleasant experiences

A：日本の生活はどうですか。
　せいかつ

B：そうですね…。わたしは、よく　　　　　　　B：ええ、みんな親切で助かります。

日本人とまちがえられて、こまります。　　　　よく道を教えてもらったりします。
　　　　　　　　　　　　　　　　　　　　　　　　　　みち

```
┌──── こまること ────┐   ┌──── うれしいこと ────┐
│ 英語で話しかける     │   │ わからない言葉を教える │
│ 英語ができると思う   │   │                 ことば │
│                     │   │ 宿題を手伝う           │
│ はしが使えないと思う │   │ 日本の習慣を教える     │
│ 日本語がわからないと思う│  │        しゅうかん      │
│                     │   │ 駅で助ける             │
└─────────────────────┘   └───────────────────────┘
```

Ⅳ Talking about your everyday life (2)

A：毎日ちゃんと朝ご飯を食べますか。

B：いいえ。時々食べないで出かけます。

```
┌──────────────┬──────────┐
│ 宿題をする    │ 寝る      │
│ 晩ご飯を食べる │ 寝る      │
│ 勉強する      │ 遊びに行く │
└──────────────┴──────────┘
```

Ⅴ Describing facts concerning a variety of social phenomena

A：今、世界中で食べられている物は何でしょうね。

B：そうですね…。ハンバーガーでしょうか。

```
┌──────────┬──────────┬──────────┐
│ 飲む      │ 物        │ Give      │
│ 話す      │ 言葉      │ your own  │
│          │ ことば    │ response. │
│ 研究する  │ 病気      │           │
│ 読む      │ 本        │           │
│ ほんやくする│ 日本の文学 │          │
└──────────┴──────────┴──────────┘
```

LISTENING
AND
SPEAKING

LESSON
28
第二八課

135

CARD A

I Describing your experiences

Ask a foreign student about his positive and negative experiences in Japan.

CARD B

I Describing your experiences

Talk about your positive and negative experiences in Japan.

CARD A

II Describing a fact

B takes you to a baseball game at Tokyo Dome, to which you have never been. Ask a few questions about the Dome.

CARD B

II Describing a fact

You take A to a baseball game at Tokyo Dome. Tell A about the Dome.

LISTENING
AND
SPEAKING

LESSON

28

第二八課

136

GRAMMAR NOTES

....

1. Passive sentences

....

N₁ は N₂ に V - (r) are-る	N₁ is V-ed by N₂

In English the object of an active sentence becomes the subject of a passive sentence, and the subject of the active sentence is marked with 'by' and shifted toward the end of the passive sentence. Similar things occur in Japanese, though the Japanese passive has more functions than the English.

In the box above, N₁ is the topic of the sentence and the receiver of the action specified by V. N₂, which is marked with に, is the agent (or the doer) of V. In other words, a Japanese passive sentence describes events from the viewpoint of the person who is affected by the events.

Passive verbs have a distinctive form.

1) Passive verbs

A passive verb consists of a verb stem followed by the passive suffix -(r)are. For vowel verbs, -rare is attached to the stem, and for consonant verbs, -are.

Vowel verbs:	mi-ru（見る）	mi-rare-ru（見られる）
	oki-ru（起きる）	oki-rare-ru（起きられる）
	ne-ru（寝る）	ne-rare-ru（寝られる）
	tabe-ru（食べる）	tabe-rare-ru（食べられる）
Consonant verbs:	kak-u（書く）	kak-are-ru（書かれる）
	oyog-u（泳ぐ）	oyog-are-ru（泳がれる）
	kas-u（貸す）	kas-are-ru（貸される）
	mats-u（待つ）	mat-are-ru（待たれる）
	kir-u（切る）	kir-are-ru（切られる）
	ka(w)-u（買う）	kaw-are-ru（買われる）

137

	yob-u （よぶ）		yob-are-ru （よばれる）
	yom-u （読む）		yom-are-ru （読まれる）
	shin-u （死ぬ）		shin-are-ru （死なれる）
Irregular verbs:	su-ru （する）		sare-ru （される）
	kuru （来る）		korare-ru （来られる）

Looking at the kana syllabary table, we can see that −れ is attached to consonant verb stems that end with the kana in the [a] row.

w	r	m	b	n	t	s	g	k	
わ	ら	ま	ば	な	た	さ	が	か	a
い	り	み	び	に	ち	し	ぎ	き	i
う	る	む	ぶ	ぬ	つ	す	ぐ	く	u
え	れ	め	べ	ね	て	せ	げ	け	e
を	ろ	も	ぼ	の	と	そ	ご	こ	o

Note that while in English only transitive verbs occur in the passive, in Japanese some intransitive verbs can be passive.

2) Direct passive sentences

In some passive sentences, as noted at the beginning of the Grammar Notes for this lesson, the object of an active verb becomes the subject of a passive verb. This type of passive sentence is called the direct passive, and it is limited to transitive verbs. The agent of the passive verb (which corresponds to the subject of the active verb) is marked with the particle に or (if the subject is inanimate, and particularly if it is a new discovery or creation) with によって.

先生はジョンをよびました。
The teacher called John.

ジョンは先生によばれました。
John was called by the teacher.

男の人はおばあさんに道を聞きました。
A man asked an old woman the way.

おばあさんは男の人に道を聞かれました。
An old woman was asked the way by a man.

1876年にベルが電話を発明した。
Bell invented the telephone in 1876.

電話は1876年にベルによって発明された。
The telephone was invented by Bell in 1876.

電話は1876年に発明された。
The telephone was invented in 1876.

(3) Indirect passive sentences

In indirect passive sentences the subject is ~~personally affected~~ by the event described
in the corresponding active sentence. The verb of the active sentence may be either
transitive or intransitive.

さるが（わたしの）ぼうしを取りました。　A monkey took my hat.

（わたしは）さるにぼうしを取られました。　I had my hat taken by a monkey.

さるが山本さんのぼうしを取りました。　A monkey took Mr. Yamamoto's hat.

山本さんはさるにぼうしを取られました。　Mr. Yamamoto had his hat taken by a
　　　　　　　　　　　　　　　　　　　　　monkey.

雨が降りました。　It rained.

（わたしは）雨に降られました。　I was rained on.

太郎は雨に降られました。　Taro was rained on.

赤ちゃんがなきました。　The baby cried.

（わたしは）赤ちゃんになかれました。　The baby cried, much to my consternation,
　　　　　　　　　　　　　　　　　　　　annoyance, etc.

本田さんは赤ちゃんになかれました。　The baby cried, much to Mr. Honda's con-
　　　　　　　　　　　　　　　　　　　　sternation, annoyance, etc.

Indirect passive sentences may be difficult to render into English, but in Japanese
they are much more frequently used than ordinary passive sentences (direct passives).
The indirect passive indicates the speaker's empathy with the subject (often himself).
Together with other empathic constructions, such as ～てくる and ～てくれる, in-
direct passive sentences are considered one of the major characteristics of the lan-
guage.

2. Without～

V-ないで ～

without V-ing; do not V and/but ～

V-ないで can be translated as 'without V-ing' if the action is something that would normally be expected, as the first example sentence below indicates, but if this is not the case, then the phrase simply means 'not do V, and/but', as the second example sentence shows.

Note that ないで is used only with verbs. It must not be confused with -なくて.

(handwritten: どう言う?)

きのうは晩ご飯を食べないで寝ました。
Yesterday I went to bed without eating supper. (One is normally expected to eat supper.)

村田さんはタクシーに乗らないでバスで来ました。
Mr. Murata did not come by taxi; he came by bus.

READING

観光ガイド/Sightseeing Information

皇居

　皇居は、天皇が住んでいる所です。

　皇居は、昔、江戸城とよばれていました。江戸城は、1457年につくられ、1590年に徳川家康のものになりました。1603年に、徳川家康によって江戸に幕府が開かれました。その後の265年間が江戸時代とよばれています。そのあいだ、江戸では何度も大きな火事があり、江戸城も何度か焼けました。

　1868年に新しい政府が作られ、明治時代になりました。江戸城には天皇が入り、「皇居」に変わりました。江戸も「東京」になりました。

　現在皇居は都会の中でみどりの多い場所として知られています。朝や昼休みにはたくさんの人が皇居のまわりをジョギングしたり、散歩したりします。

観光（かんこう）	N	sightseeing
皇居（こうきょ）	PN	Imperial Palace
天皇（てんのう）	N	Emperor
昔（むかし）	Adv	once upon a time
江戸城（えどじょう）	PN	Edo Castle
徳川家康（とくがわ　いえやす）	PN	Tokugawa Ieyasu
幕府（ばくふ）	N	feudal government
焼（や）ける	Vi	to burn
政府（せいふ）	N	government
都会	N	metropolitan area
明治（めいじ）	PN	Meiji
まわり	N	around
散歩（さんぽ）する	Vi	to take a walk

□**読む前に**

日本にはどんな時代がありましたか。

□**質問**

1. 皇居にはだれが住んでいますか。
2. 皇居は昔、何とよばれていましたか。
3. 江戸城はいつつくられましたか。
4. 江戸幕府はだれが開きましたか。
5. 江戸時代はどのくらい続きましたか。
6. 江戸はいつ東京にかわりましたか。
7. なぜ江戸城は皇居になりましたか。
8. いつ（何年）から明治時代になりましたか。
9. 現在皇居はどんなことで知られていますか。

□**話しましょう**

1. 江戸時代について、知っていることを話しましょう。
2. 明治時代について、知っていることを話しましょう。

□**書きましょう**

1. あなたが日本で見た、古いものについて書きましょう。（例：てら、建物）

WRITING
[KANJI]

読み方を覚えましょう

留学生 (りゅうがくせい): foreign student

助ける (たすける): to help, aid, assist

助かる (たすかる): to be saved, rescued

米 (こめ): rice

返す (かえす): to return

新しい漢字

222

ことば	れんしゅう	注

くん / おん ちゅう

いみ
to pour

かきじゅん
汁 注 注
丶 氵 氵 氵

1 注意する
ちゅうい

1 to pay attention, to be careful

223

ことば	れんしゅう	意

くん / おん い

いみ
consciousness, meaning

かきじゅん
意 亠
意 亠 音 音
意 音 音

1 注意する
ちゅうい

2 用意する・
ようい

3 意見・
いけん

4 意味
いみ

1 to pay attention, to be careful
2 to prepare
3 opinion
4 meaning

224

ことば	れんしゅう	代

くん / おん か わる だい

いみ
to substitute, generation

かきじゅん
ノ イ 仁 代 代

1 代わりに・
か

2 時代
じだい

1 instead of
2 the times, an era, an age

225 建

ことば	れんしゅう	建

ことば: 建てる・建物
1 た（建てる）
2 たてもの（建物）

くん：た（てる）・た（て）
おん：

いみ：to build

かきじゅん：
コ ヲ ヲ ヲ ヨ
聿 律 建 建

1 to build
2 a building

226 度

ことば	れんしゅう	度

ことば: 今度・一度・三度
1 こんど（今度）
2 いちど（一度）
3 さんど（三度）

くん：
おん：ど

いみ：time(s), degree(s)

かきじゅん：
` 一 广 广 户
庐 庐 庐 度 度

1 next time
2 once
3 three times

227 貸

ことば	れんしゅう	貸

ことば: 貸す
1 か（貸す）

くん：か（す）
おん：

いみ：to lend

かきじゅん：
ノ イ イ 代 代
代 代 伐 貸 貸

1 to lend

228 借

ことば	れんしゅう	借

ことば: 借りる
1 か（借りる）

くん：か（りる）
おん：

いみ：to borrow, to rent

かきじゅん：
ノ イ 仁 仁 什
併 併 借 借 借

1 to borrow

229 去

ことば	れんしゅう	去

ことば: 去年
1 きょねん（去年）

くん：
おん：きょ

いみ：to go away, past

かきじゅん：
一 十 土 去 去

1 last year

書く練習

一、ここでは□（いま）□（たてもの）を□（た）てていますので□（ある）く□（とき）は□（ちゅうい）してください。

二、この□（かんじ）の□（いみ）と□（よみかた）を□（おし）えてくださいませんか。

三、□（こんど）の□（にち）曜□（び）に□（くるま）を□（か）してください。

四、□（か）りたお□（かね）を返します。

五、□（ふる）い□（じだい）の□（たてもの）を□（けんきゅう）しています。

六、□（か）わりに□（しゃちょう）が会議に□（しゅっ）席しました。

七、パーティのために□（いろいろ）な□（くに）の□（りょうり）をしました。

八、□（いま）まで□（さんど）しました。

九、たくさんの□（ひと）の□（いけん）を□（き）きました。

十、□（きょねん）から□（とうきょう）に□（いえ）を□（か）りて□（す）んでいる。

読む練習

一、友だちに貸した本を返してもらいました。

二、母の代わりに今晩の夕ご飯の用意をしています。

三、去年、お金を借りて新しい家を建てました。

四、三度も友だちに助けてもらいました。

五、その時代の政治について研究しています。

六、これは留学生のための建物です。

七、この文の意味がよく分かりません。

八、先生に注意されました。

九、この国は、米を使った料理で有名です。

十、近くで何でも買えるので、とても助かります。

LESSON  29 第二十九課
だい か

LISTENING AND SPEAKING

Objectives

Making very polite requests
Describing forced actions

Points

- asking permission, making very polite requests
- making someone do something

Sentences

1 先生は学生に短いスピーチをさせました。

2 日本語のクラスでは（学生は先生に）漢字をたくさん覚えさせられます。

3 （わたしに）あした授業を休ませてください。
じゅぎょう

（わたしは）ここで待たせていただきたいんですが…。

Expressions

1 ちょっと考えさせていただけませんか。　Would you let me think about it?　（ド
リル　III）

1-1 Causative verb form

例）食べる　→　食べさせる　→　食べさせます

1) 聞く　　　→　　　　　8) 言う　　　→
2) 行く　　　→　　　　　9) 泳ぐ　　　→
3) やくす　　→　　　　　10) よろこぶ →
4) 待つ　　　→　　　　　11) 見る　　　→
5) 死ぬ　　　→　　　　　12) 考える　　→
6) かなしむ　→　　　　　13) 来る　　　→
7) 帰る　　　→　　　　　14) 心配する　→

1-2 Making someone do something

例）先生：学生が短いスピーチをした　→　先生は学生に短いスピーチをさせました。

　　お母さん：子どもが1人で買い物に行く　→

　　　　　　　お母さんは子ども　$\begin{bmatrix} を \\ に \end{bmatrix}$　1人で買い物に行かせます。

1) 先生：チェンさんが話し合いのしかいをする　→
2) 佐藤さん：子どもさんが英語を習った　→
3) 店員：お客さんが長く待った　→
4) （わたし）：子どもが好きなことをする　→

2-1 Causative-passive verb form

例）食べる　→　食べさせられる　→　食べさせられます

　　飲む　→　$\begin{bmatrix} 飲ませられる \\ 飲まされる \end{bmatrix}$　→　$\begin{bmatrix} 飲ませられます \\ 飲まされます \end{bmatrix}$

　　　　　　☆　1—1の言葉を使ってください。

2-2　Being made to do something

例）日本語のクラスでは（先生は学生に）漢字をたくさん覚えさせます

　　→　日本語のクラスでは（学生は先生に）漢字をたくさん覚えさせられます。

　1)（わたしが）帰りがおそくなるとき、母はわたしに電話をかけさせました　→

　2）子どものとき、母はわたしに部屋のそうじをさせました　→

　3）（あなたが）日本の会社につとめると、（会社はあなたに）初めは色々な仕事をさせ
　　ます　→

　4）税関で（税関の人が）わたしに荷物を全部開けさせました　→

　5）結婚式で（ある人が）わたしたちに長いスピーチを聞かせました　→

3-1　Requesting

例）（わたしは）あした授業を休む　→　（わたしに）あした授業を休ませてください。

　1)（わたしは）わたしの考えを言う　→

　2)（わたしは）あなたの意見を聞く　→

　3)（わたしは）きょうは早くうちに帰る　→

　4)（わたしは）その仕事をする　→

　5)（わたしたちは）この部屋を使う　→

3-2　Requesting very politely

例）（わたしは）ここで待つ

　　→　（わたしに）ここで待たせていただきたいんですが…。

　1)（わたしは）この電話を使う　→

　2)（わたしは）5時に失礼する　→

　3)（わたしは）しばらく休む　→

　4)（わたしは）先生の研究室にうかがう　→

　5)（わたしは）コピーを取る　→

ドリル

I　Describing actions one was forced to do

1) A：あなたの国では親は子どもにどんなことをさせますか。

　　B：たいてい買い物に行かせますよ。

2) A：子どものとき、どんなことをさせられましたか。

　　B：そうですね…。わたしはよく買い物に行か〔さ／せら〕れました。

```
ごみを出す
部屋をそうじする
食器を洗う
犬のさんぽをする
食事の準備を手伝う
```

II Asking permission very politely

A：あのう、きょう早く帰らせていただきたいんですが…。

B：どうしましたか。

A：実は、きょう両親が来るのでむかえに行かなくてはいけないんです。

B：そうですか。いいですよ。

授業を休む	ねつがある	Give
ほかの日に試験を受ける	かぜをひいた	your
レポートの提出をのばす	必要な本が見つからない	own
オフィスにうかがう	相談したいことがある	response.

III Making very polite requests: Declining indirectly

A：1週間に2回、英語を教えていただきたいんですが…。

B：英語を教えるんですか。ちょっと考えさせていただけませんか。

```
今晩、つうやくをする
日本語でスピーチをする
1か月でこの本をほんやくする
日本語で手紙を書く
```

LISTENING
AND
SPEAKING

LESSON
29
第二十九課

149

CARD A

I Describing the *senpai/kohai* relation

Ask your friend about the *senpai/kohai* relation. Ask what *senpai* make *kohai* do.

CARD B

I Describing the *senpai/kohai* relation

Tell your friend about the *senpai/kohai* relation. Tell what *senpai* make *kohai* do.

CARD A

II Requesting permission very politely

You go to B to request permission to use a room. In your request, find out the following:

① how to open the room door
② if the air conditioner can be used
③ if food can be brought in

CARD B

II Requesting permission very politely

A comes to you to get permission to use a room. Respond to A as follows:

① the guardman will open the door
② the air conditioner will be turned on by the guardman
③ food cannot be brought in

LISTENING
AND
SPEAKING

LESSON

29

第二十九課

150

GRAMMAR NOTES

1. Causatives

N₁	は	N₂	に	N₃	を	Vt-(s)ase-る

N_1 は N_2 に N_3 を V_t-(s)ase-る　　N_1 lets/makes N_2 V_t N_3

N_1 は N_2 $\begin{pmatrix} に \\ を \end{pmatrix}$ V_i-(s)ase-る　　N_1 $\begin{pmatrix} \text{lets} \\ \text{makes} \end{pmatrix}$ N_2 V_i

This pattern basically means that N_1 causes N_2 to V. The corresponding English is 'N₁ lets/makes N₂ V'.

There are two ways to cause N_2's action: a) N_2 has the will to do the action and N_1 permits N_2 to do it, and b) N_1 forces N_2 to do the action. We call the former 'let causative' and the latter 'make causative'. N_1, which is the subject of the sentence, is the causer and should be human. N_2 is the the doer and animate.

1) When the verb is transitive, it requires the object N_3, which is marked by the object marker を. Because it is syntactically prohibited to have two object markers in a single sentence, when N_2 is the object of V_t-させる, it has to be marked by the other possible marker, に (the agent marker). Context determines whether the verb is a 'let causative' or 'make causative' sentence.

Observe the following examples.

a. 'Let causative' with a transitive verb

The following conversation is carried out at the breakfast table:

兄：おはよう。このサンドイッチ、食べてもいい？
　　Good morning! Can I eat these sandwiches?

妹：だめ。それはわたしのおべんとうなの。
　　No! Those are my lunch!

母：（兄に）食べてもいいわよ。（妹に）ね？　あなたのおべんとうはすぐ作ってあげるから。
　　[to the elder brother] You can eat them. [to his younger sister] Right?
　　I will make you another lunch right away.

151

妹：いいわよ。
  O.K.

The sentence that describes the above situation is as follows:

母は　兄に　サンドイッチを　食べさせました。
Mother let the elder brother eat the sandwiches.

b. 'Make causative' with a transitive verb

The following conversation is carried out at the breakfast table:

弟：トマトとハムのサンドイッチ。ぼく、きらいなんだよ。食べたくない。
  Tomato and ham sandwiches! I don't like them, I tell you. I don't want to eat
  them.

母：好き嫌いを言ってはいけません。食べなさい。
  Don't be so choosy about what you eat. Eat them!

弟：あぁあ。（サンドイッチを食べる。）
  Oh ... (He starts eating them.)

The sentence that describes the above situation is as follows:

母は　弟に　サンドイッチを　食べさせました。
Mother made the younger brother eat the sandwiches.

2) When the verb is intransitive, N₂ can take either the agent marker に or the object marker を. When N₂ is regarded as the doer or agent of the action represented by the V_i part of V_i-(s)ase-る (with N₁ the agent of the -(s)ase-る part), N₂ is marked by に, and the sentence can be interpreted either as 'let' causative or 'make' causative. When N₁ is regarded as the doer or agent of the whole phrase V_i-(s)ase-る, N₂ is marked by を, and the sentence is interpreted as 'make' causative.

母は　妹に買い物に　行かせます。
Mother lets/makes my younger sister go shopping.

母は　妹を買い物に　行かせます。
Mother makes my younger sister go shopping.

3) Causative verbs

The plain causative form of a verb is derived from the dictionary form in the following way: attach the causative suffix -[(s)ase]- to the dictionary form stem of a verb. For vowel verbs, the suffix is -[sase-]; for consonant verbs, it is -[ase-]. As for する and 来る, their causative forms are conjugated irregularly and must be remembered as they are.

① Vowel verbs

Dictionary Form			Plain Causative Form	
tabe-ru	（食べる）	eat	tabe-sase-ru	（食べさせる）
oboe-ru	（覚える）	remember, learn	oboe-sase-ru	（覚えさせる）
mi-ru	（見る）	see, look	mi-sase-ru	（見させる）

② Consonant verbs

Dictionary Form			Plain Causative Form	
kik-u	（聞く）	hear, listen	kik-ase-ru	（聞かせる）
oyog-u	（泳ぐ）	swim	oyog-ase-ru	（泳がせる）
yakus-u	（やくす）	translate	yakus-ase-ru	（やくさせる）
mats-u	（待つ）	wait	mat-ase-ru	（待たせる）
shin-u	（死ぬ）	die	shin-ase-ru	（死なせる）
yorokob-u	（よろこぶ）	be pleased	yorokob-ase-ru	（よろこばせる）
kanashim-u	（かなしむ）	grieve	kanashim-ase-ru	（かなしませる）
kaer-u	（帰る）	return, go back	kaer-ase-ru	（帰らせる）
i(w)-u	（言う）	say, tell	iw-ase-ru	（言わせる）

Suffixing -[ase]- to consonant verbs is explained with the table of the Japanese syllabary as follows: replace the last syllable of the dictionary form of a consonant verb, -く, -ぐ, -す, -つ, -ぬ, -ぶ, -む, -る, or -う, with its corresponding sound on the -[a] row, -か, -が, -さ, -た, -な, -ば, -ま, -ら or -わ, respectively. Then add -せる.

わ	ら	ま	ば	な	た	さ	が	か	-[a]＋せる
（い）	り	み	び	に	ち	し	ぎ	き	-[i]
（う）	る	む	ぶ	ぬ	つ	す	ぐ	く	-[u]
（え）	れ	め	べ	ね	て	せ	げ	け	-[e]
を	ろ	も	ぼ	の	と	そ	ご	こ	-[o]

③ Irregular verbs

Dictionary Form			Plain Causative Form	
suru	（する）	do	saseru	（させる）
kuru	（来る）	come	kosaseru	（来させる）

先生は学生に短いスピーチをさせました。

The teacher/professor $\begin{Bmatrix} \text{let} \\ \text{made} \end{Bmatrix}$ the students make a short speech.

わたしは子どもに好きなことをさせます。
I let my children do what they want to do.

（赤ちゃんに）3時にミルクを飲ませてください。
Please make the baby drink milk at 3 o'clock. / Please feed the baby at 3 o'clock.

日本の会社では新入社員に色々な仕事をさせます。
At a Japanese company they make a new employee do various kinds of works.

母はわたしに食事の手伝いをさせた。そして、食事の後で兄に食器を洗わせた。
Mother made me help prepare the meals. After the meal, she made my elder brother do the dishes.

店員はお客さんを長く待たせた。
The clerk made the customer wait a long time. / The clerk kept the customer waiting a long time [not purposely but accidentally].

2. Causative-passives

N₁ は N₂ に　N₃ を　Vₜ–(s)ase-rare-る	N₁ is made to Vₜ N₃ by N₂
N₁ は N₂ に　　　　Vᵢ–(s)ase-rare-る	N₁ is made to Vᵢ by N₂

This pattern is used when one describes a causative situation from the doer's viewpoint. N₁ is the doer and the subject of the verb in the causative-passive form. N₂ is the causer and also the agent of this passive construction and is marked by に. The pattern corresponds to the English 'N₁ is made to ∼ by N₂'. It has the connotation that N₁ is forced by N₂ to take action V.

The causative-passive form is derived by suffixing -(s)ase-rare-る to the dictionary stem of verbs. -(s)ase-rare-る consists of the causative auxiliary verb -(s)ase- followed by the passive auxiliary verb -rare-る. In case of consonant verbs, the contracted form -asare-る is often used in place of -ase-rare-る.

① Vowel verbs

Dictionary Form			Plain Causative-Passive Form	
tabe-ru	（食べる）	eat	tabe-sase-rare-ru	（食べさせられる）
oboe-ru	（覚える）	remember, learn	oboe-sase-rare-ru	（覚えさせられる）
mi-ru	（見る）	see, look	mi-sase-rare-ru	（見させられる）

② Consonant verbs

Dictionary Form			Plain Causative-Passive Form	
ik-u	（行く）	go	ik-ase-rare-ru	（行かせられる）
mats-u	（待つ）	wait	mat-ase-rare-ru	（待たせられる）
i(w)-u	（言う）	say, tell	iw-ase-rare-ru	（言わせられる）

③ Irregular verbs

Dictionary Form			Plain Causative-Passive Form	
suru	（する）	do	sase-rare-ru	（させられる）
kuru	（来る） _く	come	kosase-rare-ru	（来させられる） _こ

日本語のクラスでは、漢字をたくさん覚えさせられます。
_{に ほん ご} _{かん じ} _{おぼ}
In the Japanese class, students are made to learn a lot of kanji.

子どものとき、よく買い物に行かせられました。
_こ _{か もの い}
In my childhood, I was often made to go shopping.

弟 は毎日勉強させられます。
_{おとうと} _{まいにちべんきょう}
My younger brother is made to study everyday.

毎朝母にきらいな牛乳を飲ませられました。
_{まいあさはは} _{ぎゅうにゅう} _の
Every morning I was made to drink milk, which I don't like, by my mother.

1週間に1回、部屋のそうじをさせられます。
_{しゅうかん} _{かい} _{へ や}
I am made to clean the room once a week.

3. Requests (3)

1)

V-(s)ase-てください

Please allow me V

We have already learned how the speaker requests the hearer to do something (V-てください) in Lesson 9 of Volume 1. The boxed pattern above is used to express the speaker's request to the hearer to allow him to do something or to express indirectly his offer to do V. It is often the case that in this pattern the speaker's status is equal to or lower than that of the hearer.

Syntactically, this pattern is basically the same as V-てください, but the causative -て form of verbs is used instead of the V-て form.

あした授業を休ませてください。
_{じゅぎょう} _{やす}
Please allow me to be absent from class tomorrow. / I'm sorry, but I'll be absent from class tomorrow.

この部屋を使わせてください。
_{へ や つか}
Please allow me to use this room.

わたしの考えを言わせてください。
_{かんが} _い
Let me give my opinion/thoughts, please.

わたしにその仕事をさせてください。
_{し ごと}
Please let me do that work. / I'll do that work.

ちょっと休ませて。
Let me take a rest for a few minutes. / I'm taking a break.

わたしに払わせて。
Let me pay. / It's on me.

The English equivalents of the example sentences above show that the sentence pattern conveys the fairly clear/strong will of the speaker, despite the fact that its linguistic form is a polite request. In practice, this pattern is generally limited to situations in which the speaker is offering to undertake a certain action or is declaring that she/he will do so. The sentence pattern V-(s)ase-ていただきたいんですが, which is to be introduced in the immediately following section, (GN3.2) is more polite and appropriate as a request (L20 GN, Usage Notes Vol. 2).

2)

| V-(s)ase-ていただきたいんですが… | I wonder if you would mind/could let me V?

What this pattern denotes is just the same as the pattern introduced in GN3.1, except more humbly and much more indirectly. As mentioned in Lesson 20, -ていただきたいんです is the humble counterpart of -てもらいたいんです. That the sentence is not completed, stopping with the sentencial ending が…, shows the speaker's hesitation in suggesting that the hearer entertain his request. This pattern requires the speaker to be lower in status than the hearer, and is often used on public or formal occasions.

ここで待たせていただきたいんですが…。
I wonder if you would mind letting me wait here. / I wonder if I could wait here.

ちょっと考えさせていただきたいんですが…。
I wonder if you could let me think it over.

5時に失礼させていただきたいんですが…。
I wonder if I could leave at 5 o'clock.

先生の研究室にうかがわせていただきたいんですが…。
I wonder if I could visit (you/professor) in your/his office.

Generally speaking, the causer is socially higher than the doer in a causative sentence. If the causer should be socially lower, the situation may be expressed in the following way:

(1) The causer asks the doer's permission to take action V, and receives it, as follows:

私は先生にしばらく待っていただいた。
I asked the teacher/professor to wait for a while (which he did).

電話をして、お医者さんに来ていただきましょう。
Let's call the doctor and ask him to make a home call (which he will do).

(2) In order to show respect for the doer, the causer gives a causative verb its honorific form or (a common usage) appends an auxiliary verb such as 〜てしまう, which contains the meaning of 'accidental, not intentional', and avoids any sense of rudeness or disrespect.

お待たせして申しわけありません。
I'm sorry to have kept you waiting.

けっきょく友だちのご両親に払わせてしまった。
After all, I got the parents of my friend to pay. / After all, my friend's parents kindly paid for me.

GRAMMAR
NOTES

LESSON
29

第
二
九
課

READING

READING

投書（新聞）/Letters to the Editor（Newspaper）

マンションに遊び場を

最近、私の家の前に、大きなマンションが建てられました。マンションを建てている時もうるさかったのですが、建てられてからもマンションの子どもたちが道で遊ぶので、とてもうるさいです。子どもたちはバスケット・ボールやキャッチ・ボールをするので、時々私の家にもボールが入ってきます。となりのお宅では、窓を割られてしまいました。マンションを建てる時は、子どもが遊ぶ場所もいっしょに作らなくてはいけないと思います。マンションに子どもの遊ぶ場所がなかったら、親は子どもを公園で遊ばせてください。もう少し近所の人たちのことも考えてもらいたいです。（45才、主婦）

都市の家

「大きい家に住みたい」と言う人は多い。しかし、都市の人口が多くなると、たくさんのアパートやマンションが必要になる。アパートやマンションは、少し小さいが、たくさんの人が住めるし、どろぼうに入られることも少ないから、とても便利だ。それから、プライバシーも守られるから、他の人に遠慮しなくてもいい。「マンションには自然がない。」と言う人もいるが、木の家具を使ったり、部屋に花をおいたりしたら、自然の雰囲気の中で生活できる。

大都市の生活は、住む人の考え方が大切だと思う。（35才、建築会社社員）

マンション	N	condominium
キャッチ・ボール	N	playing catch
窓（まど）	N	window
親（おや）	N	parent
主婦（しゅふ）	N	housewife
どろぼう	N	burglar
プライバシー	N	privacy
守（まも）る	Vₜ	to protect; to preserve
他（ほか）	N	other

遠慮（えんりょ）する	V_i	to be overly concerned about
家具（かぐ）	N	furniture
雰囲気（ふんいき）	N	atmosphere
生活（せいかつ）	N	everyday life
大切（たいせつ）	AN	important
建築（けんちく）	N	architecture

□読む前に

あなたが今住んでいるところはどんなところですか。

□質問

1. この主婦によると、マンションの問題は何ですか。

2. そのために何をしなくてはいけませんか。

3. 人口とアパート、マンションにはどんな関係がありますか。

4. 建築会社社員によると、アパート、マンションのいいことは何ですか。

5. 建築会社社員によると、アパート、マンションの問題は何ですか。

6. そのために、どんなことをすればいいですか。

7. 建築会社社員によると、都市でこれからアパートとマンションは多くなるでしょうか、少なくなるでしょうか。

8. 大都市の生活で大切なことは何ですか。

□話しましょう

1. 日本の家の問題は何ですか。それについて、どうしたらいいでしょうか。

□書きましょう

1. 都市と家についてあなたの意見を書きましょう。

WRITING
[KANJI]

読み方を覚えましょう

自然 （しぜん）: nature   割る （わる）: to break, divide

泳ぐ （およぐ）: to swim   遊ぶ （あそぶ）: to play

心配する （しんぱいする）: to be anxious, worried

失礼する （しつれいする）: to act rudely, be impolite, excuse oneself

新しい漢字

230

ことば	れんしゅう	場
1 かいじょう 会場 2 こうじょう 工場 3 ばあい 場合	場 場	くん ば ／ おん じょう
		いみ place
	かきじゅん	

1 the meeting place, a hall
2 a factory
3 a case, an occasion

231

ことば	れんしゅう	道
1 みち 道 2 すいどう 水道	道 道	くん みち ／ おん どう
		いみ a road, a route
	かきじゅん	

1 a road
2 a water supply

232

ことば	れんしゅう	通
1 とおる 通る 2 とおり 通り 3 かよう 通う	通 通	くん とおる・かよう ／ おん つう
		いみ a street, to pass, to commute
	かきじゅん	

1 to pass by, to go through
2 a street
3 to commute

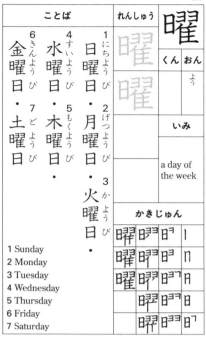

233 曜

ことば	れんしゅう	曜
	曜 曜	くん ／ おん：よう
日曜日・月曜日・火曜日・水曜日・木曜日・金曜日・土曜日		**いみ** a day of the week
		かきじゅん

1 Sunday
2 Monday
3 Tuesday
4 Wednesday
5 Thursday
6 Friday
7 Saturday

234 歌

ことば	れんしゅう	歌
歌・歌う	歌 歌	くん：うた、うた(う) ／ おん
		いみ song, to sing
		かきじゅん

1 a song
2 to sing

235 不

ことば	れんしゅう	不
不便	不 不	くん ／ おん：ふ
		いみ non-, negative prefix
		かきじゅん 一 フ 不 不

1 inconvenient

236 音

ことば	れんしゅう	音
音・発音	音 音	くん：おと ／ おん：おん
		いみ sound
		かきじゅん

1 sound
2 pronunciation

237 楽

ことば	れんしゅう	楽
楽しい・音楽	楽 楽	くん：たの(しい) ／ おん：がく
		いみ fun, pleasant
		かきじゅん

1 pleasant, delightful, happy
2 music

WRITING

LESSON **29**

第二九課

一、この□（みち）を□（とお）って□くと□（かいじょう）に□（つ）けます。

二、□（げつようび）から□（きんようび）まで□（じてんしゃ）で□（がっこう）に行けます。

三、□（でんしゃ）とバスと、どちらが□（ふべん）ですか。

四、□（もくようび）と□（どようび）は□（こうじょう）で□（はたら）いています。

五、□（にほんご）の□（はつおん）を練□（しゅう）します。

六、□（わたくし）の専□（こう）攻は□（おんがく）です。

七、□（ときどき）□（とも）だちと□（うた）を□（うた）います。

八、この□の□（ちか）くでは、□（いろいろ）な□（おと）が□（き）こえます。

九、□（かようび）と□（すいようび）に□（くるま）を□（か）りて□（うんてん）の練□（しゅう）をします。

十、□（うた）を□（うた）うのは□（たの）しいので、好きです。

一、海で泳いだり遊んだりするのが好きです。

二、花びんを割ってしまいました。

三、自然の中で過ごすのは楽しい。

四、歩いている時、道が分からなくなって急に心配になりました。

五、毎週日曜日に家族で歌を歌います。

六、東京は物価が高いので不便です。

七、あれが音楽のコンサートの会場です。

八、月曜日から土曜日まで地下鉄で会社に通います。

九、自然な発音で日本語を話したいです。

十、先生の研究室を出る時、「失礼します」と言います。

LESSON 30 第三十課
だい か

LISTENING AND SPEAKING

Objectives

Expressing conjecture

Points

- conveying inferences based on what one has heard or read
- conveying inferences based on visual information
- conveying inferences based on the five senses

Sentences

1 佐藤先生は来年仕事をおやめになるらしいです。
　さ とう

2 映画館は駅から遠いようです。

3 雪が降りそうです。

Expressions

1 あの、ちょっと… Excuse me, Miss/Mister ...　（ドリル　III）

1 ～らしい : Conveying inferences based on what you heard or read

例) 佐藤先生は来年仕事をおやめになります

　　→ 　佐藤先生は来年仕事をおやめになるらしいです。

1) 佐藤先生はまだ結婚していらっしゃいません　→

2) 田中先生のご主人はエンジニアです　→

3) 期末試験はむずかしいです　→

4) リーさんは日本の会社で働くつもりです　→

2 ～ようだ : Conveying inferences based on visual information

例) 映画館は駅から遠いです　→　映画館は駅から遠いようです。

1) あしたは天気がいいです　→

2) あの店はきょうは休みです　→

3) この近くで事故がありました　→

4) ジョンさんはつかれています　→

5) 佐藤先生はケーキがお好きです　→

3-1 ～そうだ : It looks like ～

例) スミスさんは元気だ　　　　→　スミスさんは元気そうです。

　　スミスさんは元気じゃない　→　スミスさんは元気じゃなさそうです。

1) 田中さんはひまだ　→

2) リーさんはてんぷらが好きじゃない　→

3) このあたりは静かじゃない　→

3-2

例) この店は安い　→　この店は安そうです。

　　この店は安くない　→　この店は安くなさそうです。

1) 今度の試験はむずかしい　→

2) あしたは天気がいい　→

3) この店に大きいくつはない　→

4) リーさんはねむくない　→

LISTENING
AND
SPEAKING

LESSON
30
第三〇課

164

3-3

例）雪が降る　　　　→　　雪が降りそうです。

　　雪は降らない　　→　　雪は降りそうもありません。

　　1）（わたしは）来週までにレポートが書ける　→

　　2）（あなたの）洋服のボタンが取れる　→

　　3）たなの荷物が落ちる　→

　　4）テープレコーダーのでんちがなくなる　→

　　5）（わたしは）次の電車には間に合わない　→

　　6）この仕事はあしたまでに終わらない　→

ドリル

I　Guessing what something is

先生：これは何でしょう。

答えA：なべのようです。

　　　B：やかんのようです。

　　　C：コーヒーポットのようです。

先生：Cさんが正しいです。

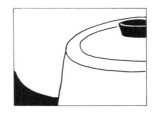

II　Guessing what is taking place

A：人が集まっていますよ。

B：そうですね。何かあったようですね。

例）

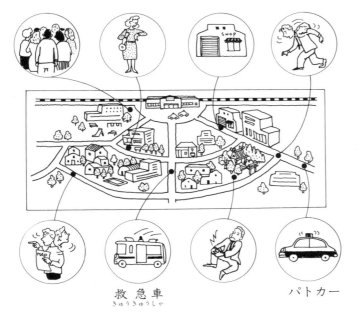

救急車
きゅうきゅうしゃ

パトカー

Ⅲ Pointing out something that seems about to happen

A：あの、ちょっと…。

B：はい？

A：<u>さいふが落ち</u>そうですよ。

B：ああ、どうもありがとうございます。

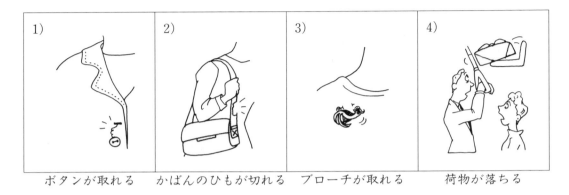

1) ボタンが取れる　　2) かばんのひもが切れる　　3) ブローチが取れる　　4) 荷物が落ちる

Ⅳ Making a conjecture about an incident

A：<u>きのう南アメリカで地震があった</u>そうですね。

B：ええ、<u>大きかった</u>らしいですね。

最近のできごとについて話しなさい。

LISTENING
AND
SPEAKING

LESSON

30

第三〇課

166

CARD A

I　Conjecture

Gossip about your mutual acquaintances. Try to guess what they are doing.

CARD B

I　Conjecture

Gossip about your mutual acquaintances. Try to guess what they are doing.

CARD A

II　Explaining/referring to a similar thing

You are at a potluck party and see various kinds of ethnic dishes on the table. You are interested in a particular dish, which you can describe by referring to something very similar. Ask what it is and its ingredients.

CARD B

II　Explaining/referring to a similar thing

You are asked about a dish you are familiar with. Give its name and identify ingredients.

GRAMMAR NOTES

1. Conjecture (3): Conveying inferences based on what you heard or read

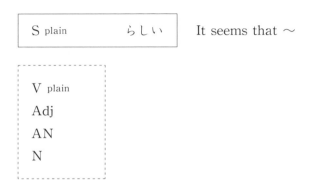

| S plain   らしい | It seems that ~ |

V plain
Adj
AN
N

The らしい pattern is used to convey inferences based on what you have heard or read; that is, the source of inference is secondhand. Thus, when using らしい, the speaker is not completely committed to the statement made. The speaker's attitude is expressed in English as 'it seems . . .' All the predicates preceding らしい take the plain form in non-past/past and affirmative/negative, except in the case of the non-past affirmative noun and adjectival noun predicates, where らしい attaches directly to the word without an intervening だ.

田中先生のご主人はエンジニアらしいです。
It seems that Professor Tanaka's husband is an engineer.

田中先生のご主人はエンジニアだったらしいです。
It seems that Professor Tanaka's husband was an engineer.

リーさんはおすしが好きらしいです。
Ms. Lee seems to like sushi.

リーさんはおすしが好きじゃないらしいです。
Ms. Lee doesn't seem to like sushi.

期末試験はむずかしいらしいです。
The final exam seems to be difficult.

期末試験はむずかしくなかったらしいです。
It seems that the final exam was not difficult.

佐藤先生は来年仕事をおやめになるらしいです。
It seems that Professor Sato will quit next year.

佐藤先生は去年仕事をおやめになったらしいです。
It seems that Professor Sato quit last year.

2. Conveying inferences based on visual information or previous knowledge

S plain	ようだ

It appears to me that ～

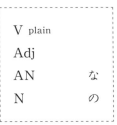

V plain	
Adj	
AN	な
N	の

The ようだ pattern is used to express the speaker's personal judgment as to the likelihood of a state or event. The source of inference is firsthand; the speaker's judgment is ostensibly based on visual information or previous knowledge. It may be best described in English as 'it appears to me that . . .'

The ようだ attaches to the non-past/past and affirmative/negative plain forms except for the non-past affirmative of the noun and adjectival noun predicates, when の and な intervene.

あの店はきょうは休みのようだ。
It appears (to me) that today the store is closed.

あの店はきょうは休みじゃないようだ。
It appears (to me) that today the store is not closed.

佐藤先生はケーキがお好きなようだ。
Professor Sato seems to like cake.

佐藤先生はケーキがお好きじゃないようだ。
Professor Sato doesn't seem to like cake.

映画館は駅から遠いようです。
The movie theater seems to be far from the station.

映画館は駅からあまり遠くないようです。
The movie theater does not seem to be very far from the station.

この近くでよく事故があるようだ。
It seems that there are many accidents around here.

この近くで事故があったようだ。
It seems that there was an accident around here.

3. Conveying inference based mainly on visual information

| S   -そう   だ |

It looks like V
It looks Adj

V -ます stem
Adj -い stem
AN

The -そうだ pattern is used to convey inferences based on the five senses, but mainly on visual information. It denotes that the speaker makes a conjecture spontaneously, without reasoning or judgment; in contrast, the ようだ pattern (GN2 above) denotes that the speaker makes a conjecture based on visual information but with the exercise of reasoning or judgment. Note that conjecture denoted by the -そうだ pattern can only refer to an uncompleted event or state. The -そうだ is attached directly to the stem forms of V and Adj., and to AN.

きょうは雪が降りそうです。	It looks like snow today.
ジャイアンツはかちそうです。	It looks as though the Giants are going to win.
6時までに帰れそうです。	It seems I can be back by six.
この本は読めそうです。	It looks as though I can read this book.

このケーキはおいしそうです。	This cake looks delicious.
その本はおもしろそうです。	That book looks interesting.
あの学生はまじめそうです。	That student seems studious.
あの子はなきそうです。	It looks like the child will cry. / The child is about to burst into tears.
コップがテーブルから落ちそうです。	The glass seems as though it will fall off the table. / The glass is about to fall off the table.

When いい 'good' is followed by this pattern, it changes its stem to よ, and the infix さ is added between the stem よ and the suffix -そう to form よさそう.

このペンはよさそうです。	This pen looks good.
ここは座ってもよさそうです。	It seems O.K. to sit here.

READING

新聞のエッセイ / Newspaper（Essay）

　このごろ若い人の間で、ポケベルがよく使われているようだ。先週テレビで、高校生が、かばんの中からポケベルを出して見せていた。特別の数字を決めて、使っている人だけが分かるメッセージを送るらしい。例えば、「0906-10」の意味は、「10分おくれます」で、「88915」は「早く行こう」だそうだ。むずかしそうだが、何十も数字のメッセージがあるらしい。数字のほかにカタカナのメッセージも入れて、友達の間で、送ったりもらったりする。

　そのほかに、親も子どものいる所を知るために、ポケベルに連絡を入れる。電話でポケベルの番号にかけると子どもの持っているポケベルは、「ピーピーピー」と鳴る。親は、「家に電話をかけなさい」、「早く家に帰りなさい」などのメッセージを入れて、子どもからの電話を待つそうだ。ポケベルはそのほかに目覚まし時計にもなるらしい。

　私達の知らないうちに、色々な新しいものによって、若い人の生活がだんだん変わっているようだ。

ポケベル	N	(pocket-bell) pager, beeper
特別（とくべつ）	AN	special
意味（いみ）	N	meaning
メッセージ	N	message
ピーピーピー	Adv	onomatopoeic sound（beep）
鳴（な）る	Vᵢ	to ring
目覚（めざ）まし時計（どけい）	N	alarm clock
だんだん	Adv	gradually

□**読む前に**

ポケベルを知っていますか。

□**質問**

1. L30 の話の内容と合っている文に(◯)、ちがっている文に(×)をつけなさい。(内容＝content、合う＝fit)

   a. （　）このごろ、若い人はポケベルをよく使う。

   b. （　）どんなメッセージもポケベルで送れる。

   c. （　）数字のメッセージは言葉の意味がある。

   d. （　）ポケベルにはカタカナとひらがなのメッセージが送れる。

   e. （　）親も自分のポケベルを使って、子どもにメッセージを送る。

   f. （　）ポケベルは目覚まし時計になる。

   g. （　）若い人がこの文を書いた。

2. 本文を読んで、ポケベルを使ってできることを3つ書きなさい。

   (1)

   (2)

   (3)

□**話しましょう**

1. 若い人の生活の中にある新しいものについて話しましょう。

□**書きましょう**

2. 生活の中にあるとよいもの（新しいもの）を1つ考えて、書きましょう。

WRITING
[KANJI]

例えば（たとえば）: for example

数字（すうじ）: number, numeral, figure

生活する（せいかつする）: to live（one's life）

決める（きめる）: to decide

事故（じこ）: accident

番号（ばんごう）:（ordinal）number

新しい漢字

ことば	れんしゅう	安
1 やす 安い・2 あんぜん 安全	安 安	くん: やす（い） / おん: あん
		いみ inexpensive, peaceful
	かきじゅん	安 ／ 丶 ／ 丷 ／ 宀 ／ 宀 ／ 安

238

1 inexpensive, cheap
2 safe, secure

ことば	れんしゅう	特
1 とく 特に	特 特	くん: ― / おん: とく
		いみ special
	かきじゅん	牜 ／ 丿 ／ 牛 ／ 牜 ／ 特

239

1 specially, especially, particularly

ことば	れんしゅう	別
1 わか 別れる・2 とくべつ 特別	別 別	くん: わか（れる） / おん: べつ
		いみ to separate
	かきじゅん	別 別 ／ 丨 口 号 另

240

1 to part
2 special

241

ことば	れんしゅう	送

送る
¹おく

	くん	おん
	おく(る)	

いみ

to send

かきじゅん

	关	、
	`关	ソ
	送	ソ
	送	送
		关

1 to send

242

ことば	れんしゅう	主

主人・ご主人
¹しゅじん ²しゅじん

	くん	おん
		しゅ

いみ

a master, main

かきじゅん

	`
	ニ
	宀
	主
	主

1 my husband
2 your/someone's husband

243

ことば	れんしゅう	洋

東洋・西洋
¹とうよう ²せいよう

	くん	おん
		よう

いみ

ocean, Western

かきじゅん

	汁	、
	洋	ミ
	洋	ミ
	洋	シ
		シ

1 the East, the Orient, Asia
2 the West, the Occident

244

ことば	れんしゅう	服

服・洋服
¹ふく ²ようふく

	くん	おん
		ふく

いみ

clothes

かきじゅん

	肝	ノ
	服	刀
	服	月
		月
		月

1 dress, clothes, clothing
2 Western clothes

245

ことば	れんしゅう	終

終わる・終わり
¹お ²お

	くん	おん
	お(わる)	

いみ

to finish, the end

かきじゅん

	終	く
	終	幺
	終	幺
	終	糸
	終	糸

1 to finish
2 the end

一、この □ は、□ い □ を □ っています。

二、□ に □ と □ の文化のちがいに 興〔きょうみ〕があります。

三、ここは □〔全〕なので □〔なに〕も心配がありません。

四、□〔やま〕さんは □〔ようふく〕を □〔き〕たり、□〔きもの〕を □〔き〕たりします。

五、□〔わたし〕の □〔こうじょう〕で働いています。

六、郵便局〔ゆう〕で荷物を □〔おく〕りました。

七、□〔授〕〔じゅぎょう〕は □〔さんじ〕に □〔よんじゅうごふん〕に □〔お〕わります。

八、□〔とくべつ〕な □〔たか〕いですが、ふつうの □〔りょうり〕です。

九、□〔がいこく〕で □〔しごと〕している □〔しゅじん〕に □〔てがみ〕を □〔おく〕った。

十、これで □〔お〕わりです。

一、あなたの電話番号を教えてください。

二、この国の地下鉄はとても安全で、特に事故を起こしたことがありません。

三、漢字の数字の書き方はむずかしいですか。

四、結婚式には特別な服を着て行きます。

五、月十万円で生活しています。

六、西洋の考え方と東洋の考え方は、例えばどうちがいますか。

七、田中さんのご主人は、夏休みに特に予定がありません。

八、どの洋服を買うか、まだ決められません。

九、毎週母に手紙を送ります。

十、この文で漢字の練習問題は終わりです。

APPENDICES

ROLEPLAYS

I

わたしはフィリピンから来た○○です。よろしくお願いします。わたしはフィリピンの南の島で生まれましたが、6さいのときから、マニラでそだちました。

去年マニラの高校を卒業して、○○大学に入学しました。ことしの9月からICUに留学しています。今寮に住んでいますが、ルームメートはみんな親切にしてくれて、いろいろわからないことを教えてくれるので、日本の生活にもなれました。趣味はバスケットボールですが、今は日本語の勉強がいそがしいので、あまり練習できません。でも、もしバスケットボールが好きな人がいたら、昼休みにいっしょにしましょう。よろしくお願いします。

II

A：あのう、すみません。これ、どう使うんでしょうか。

B：これですか。まず、テレビのスイッチを入れ、ビデオにします。

A：あっ、これですね。

B：次に、カセットを入れます。

A：はい。

B：それから、このボタンを押すと、動きます。止めるときは、このボタンを押します。いいですか[1]。

A：はい、ありがとうございました。

　　☆★☆

A：ね、これ、どう使うの？

B：これ？　まず、テレビを入れて、ビデオにして。

A：あっ、これね。

B：次に、カセットを入れる。

A：はい。

B：それから、このボタンを押すと、動く。止めるときは、このボタン。いい？[1]

A：うん。ありがとう。

III

A：どうだった？

B：留学生がたくさん来て（い）たよ。いろいろな国の料理の店も出ていて、にぎやか
だったよ。ポスターや写真もあって、おもしろかった。

A：休む所もあった？

B：ん。テーブルやいすがおいてあって、飲み物や食べ物も売っていた。これおみやげ。
タイのハンカチ。

A：ありがとう。

Expressions

1	いいですか。／いい？	You got it?

Vocabulary

フィリピン	フィリピン	N	pn: The Philippines
島	しま	N	island
マニラ	マニラ	N	pn: Manila
そだつ	そだつ	V	to grow, be brought up
去年	きょねん	N	last year
親切にする	しんせつにする	V	to treat kindly
なれる	なれる	V	to get used to
バスケットボール	バスケットボール	N	basketball
昼休み	ひるやすみ	N	lunch time
次に	つぎに	Adv	next
カセット（ビデオの）	カセット	N	cassette
ポスター	ポスター	N	poster

I

A：テントはどうしましたか。

B：テントはもう借りてあります。

A：そうですか。じゃ、食べ物はどうですか。

B：野菜と肉は前の日までに買っておきます。飲み物はこれから買いに行きますが。

A：雨が降ったら、どうしましょうか[1]。

B：雨だったら、だれかのアパートでパーティーをしましょう。

A：そうですね。

　　☆★☆

A：テントは？

B：テントはもう借りてあるよ。

A：あっ、そう。じゃ、食べ物は？

B：野菜と肉は前の日までに買っておく。飲み物はこれから買いに行くけど。

A：雨が降ったら、どうしよう[1]。

B：雨だったら、だれかのアパートでパーティーをしよう。

A：そうね／そうだね。

II

A：京都のガイドブックと地図を買って調べておいたほうがいいわね／いいね。

B：ん。とまる所はどうしましょう／どうしよう。

A：ホテルよりみんしゅくのほうが安くていいと思うけど。

B：そうね／そうだね。じゃ、ガイドブックで調べて予約しておいてくれる？

A：わかったわ／わかった[2]。ところで新幹線のきっぷはどうする？

B：わたし／ぼくが買っておくわ／おくよ。

Expressions

1	雨が降ったら、どうしましょうか／どうしよう。	What'll we do if it rains?
2	わかったわ／わかった。	Gotcha. Understood.

Vocabulary

テント	⎺テント	N	tent
前の日	まえのひ	N, Adv	the previous day
ガイドブック	ガイド⎺ブック	N	guidebook
みんしゅく	みん⎺しゅく	N	guesthouse, private home providing lodging

第23課 Lesson 23

I

A：もしもし B さんですか。 あした、集合は２時に吉祥寺駅だそうです。 おくれない
ようにと言っていました。次の人にこのことを伝えてください。

B：はい、じゃあ、くりかえします。あした２時吉祥寺駅、おくれないように、ですね。

A：はい、よろしくお願いします。

B：はい、ありがとうございました。 失礼します。

II

A：けさの新聞に、きのう○○にごうとうが入ったと書いてありましたが、知っていますか。

B：ええ。テレビのニュースで見ましたよ。ごうとうは３人の 男 で、１人はせが185㎝く
らいで、あとの2人は160㎝くらいだったと言っていましたね。

A：そうですか²。わたし／ぼくの読んだ新聞には、3人のうち1人は 女 だと書いてありま
したけど。

B：ごうとうが入ったときには、店の中には、店員が1人しかいなかったそうですよ。

A：そうですか。新聞には数人の 客 がいたと書いてありましたけど。
　　☆★☆

A：けさの新聞に、きのう○○に、ごうとうが入ったって¹ 書いてあったけど、知って(い)
る?

B：ん。わたしも／ぼくもテレビのニュースで見たよ。ごうとうは３人の 男 で、１人はせ
が185㎝くらいで、あとの2人は160㎝くらいだって言って(い)たわね／(い)たね。

A：ほんと²?　わたし／ぼくの読んだ新聞には、3人のうちの1人は 女 だって書いてあっ
たけど。

B：ごうとうが入ったときには、店の中には、店員が1人しかいなかったんだそうよ／そう
だよ。

A：そう?　新聞には数人の 客 がいたって書いてあったけど。

1　けさの新聞に、きのう○○に、ごうとうが入ったって書いてあったけど、知って（い）
　　る？
　　　しんぶん　　　　　　　　　　　　　　　はい　　　か　　　　　　　　　　　　　　　　　し

　　In this morning's paper it said some thieves broke into ○○ yesterday. Did you
　　　hear about that? ('って', informal for 'と')

2　ほんと？　Really?

Vocabulary

集合（する）	しゅうごう（する）	N, IV : V$_i$	gathering, to gather, assemble
くりかえす	くりかえす	CV : V$_t$	to repeat
ごうとう	ごうとう	N	burglar, robber
cm	〜センチメートル	Quant	centimeter
あとの〜	あとの〜	Adj'l	the other
〜のうち	〜のうち	Adj'l	among 〜
数人	すうにん	N	several people

第24課　Lesson 24

I

A：何のために日本に留学したんですか。
　　なん　　　　　にほん　りゅうがく

B：日本語が話せるようになりたいと思ったんです。アメリカで3年勉強しましたが、日
　　にほんご　はな　　　　　　　　　　　　　おも　　　　　　　　　　　　　　ねんべんきょう　　　　　　　　に
　　本語を使うきかいがありませんでしたから。
　　ほんご　つか

A：そうですか。日本語の勉強のためにホームステイをしているのですか。
　　　　　　　　　にほんご　べんきょう

B：そうです。ホームステイしてよかったと思っています。日本語を聞いたり話したりす
　　　　　　　　　　　　　　　　　　　　おも　　　　　　　にほんご　き　　　はな
　　るきかいが多いですから。
　　　　　　おお

　　　☆★☆

A：何のために日本に留学したの？
　　なん　　　　　にほん　りゅうがく

B：日本語が話せるようになりたいと思って。アメリカで3年勉強したけど、日本語を使
　　にほんご　はな　　　　　　　　　　　　おも　　　　　　　　　　　ねんべんきょう　　　　　にほんご　つか
　　うきかいがなかったから。

A：そう、日本語の勉強のためにホームステイしてるの？
　　　　　にほんご　べんきょう

B：うん、ホームステイしてよかったと思っているわ／いるよ。日本語を聞いたり話した
　　　　　　　　　　　　　　　　　　　　　おも　　　　　　　　　にほんご　き　　　はな
　　りするきかいが多いから。
　　　　　　　おお

II

A：なかなか日本語がじょうずにならなくて困っているんです。日本語が話せないし、人の言うことがよくわからないし、どうしたらいいでしょうか。

B：そうですね。まずできるだけ日本語で話すほうがいいでしょう。習った言葉やひょうげんはすぐ使ってみるといいですよ[1]。それから、新しい言い方を聞いたときは、メモができるように、いつも小さいノートを持っているといいですよ。

A：つまり、自分の辞書を作るんですね。やってみます。

Expressions

1 習った言葉やひょうげんはすぐ使ってみるといいですよ。
You should try using the words and expressions you've learned.

Vocabulary

きかい	きかい	N	opportunity
なかなか（＋neg）	なかなか	Adv	pretty, rather
できるだけ	できるだけ	Adv'l	to the extent possible
メモをする	メモをする	IV : V$_t$	to take notes
つまり	つまり	Conj	in other words
やる	やる	CV : V$_t$	*coll. for* する: to do

第25課　Lesson 25

I

A：友だちの結婚式に行くんですが、何を着ていけばいいでしょうか。

B：スーツがあれば、それを着ていけばいいと思いますよ。

A：おいわいはどうすればいいでしょうか。

B：お金をあげてもいいですよ。

A：お金ですか。どこであげればいいですか。

B：会場の受付で名前を書いて出せばいいですよ。

A：その時、何と言えばいいですか。

B：「おめでとうございます[1]」と言えばいいですよ。

II

A：自転車があったほうが便利ですよ。

B：高くなければ買えますが、高ければ買えません。買いたいんですが・・・。

A：新しいのじゃなくてもいいんですか。

B：ええ。かまいません²。

A：中古だったら、5000円ぐらいであると思いますよ。

B：5000円ぐらいだったらすぐ買えます。

☆★☆

A：自転車があったほうが便利よ／便利だよ。

B：高くなきゃ買えるけど、高いと買えないわ／買えないよ。 買いたいけど・・・。

A：新しいのじゃなくてもいいの？

B：ん、かまわないわ／かまわないよ²。

A：中古だったら、5000円ぐらいであると思うわ／思うよ。

B：5000円ぐらいだったら、すぐ買えるわ／買えるよ。

Expressions

1　おめでとうございます。　　　　　Congratulations!

2　かまいません／かまわないわ／かまわ　　That's fine.
　　ないよ。

Vocabulary

会場	かいじょう	N	meeting place, gathering spot
受付	うけつけ	N	reception
中古	ちゅうこ	N	used, old
で（5000円で）	で（ごせんえんで）	P	for（5000 yen）

第26課　Lesson 26

I

○○でございます。◇◇からまいりました。

ことしの7月に日本にまいりまして、△△大学で経済を勉強しております。

日本語の勉強もしておりますので、遊ぶ時間はあまりありませんが、週末は日本人の友人と出かけたり、スポーツをしたりいたします。あと１年日本で勉強して、帰国したら大学院に入る予定です。将来はぼうえきの仕事をしたいと思っております。

どうぞよろしくお願いいたします。

II

A：あのう、○○部長にお目にかかりたいんですが・・・。
B：どちら様でしょうか[1]。
A：△△大学のＡと申します。
B：お約束でしょうか。
A：はい、きのうお電話いたしましたが、◇時のお約束でまいりました。
B：Ａ様でいらっしゃいますね。少々お待ちください。

Expressions

1　どちら様でしょうか。　May I have your name, please?

Vocabulary

友人	ゆうじん	N	friend
あと〜	あと	Adj'l	(*quantity* / *number*) more
帰国（する）	きこく（する）	N, V, IV : V_i	to return to one's own country
ぼうえき	ぼうえき	N	international trade

第27課　Lesson 27

I

A：Ｂ先生、ちょっとよろしいでしょうか[1]。
B：いいですよ。何ですか。
A：あのう、実は、しょうがくきんをもらいたいと思っているんですが、推薦状を書いていただきたいんですが。
B：推薦状ですか。用紙がありますか。

Ａ：はい、これです。

Ｂ：いつまでに書けばいいですか。

Ａ：金曜日までに書いていただきたいんですが。

Ｂ：いいですよ。では金曜日までに書いておきます。

Ａ：はい。ありがとうございます。よろしくお願いします。

II

Ａ：もしもし、〇〇のＡともうしますが、Ｂさんはいらっしゃいますか。

Ｂ：Ａさん、Ｂです。お元気？

Ａ：はい、おかげさまで[2]。ごぶさたしております[3]。みなさんもお元気でいらっしゃいますか。

Ｂ：ええ、ありがとう。

Ａ：実は、お話したいことがあるんですが、あしたお宅にいらっしゃいますか。

Ｂ：午前中はうちにいますよ。

Ａ：じゃあ、10時ごろうかがってもよろしいですか。

Ｂ：いいですよ。どうぞ。

Expressions

1 ちょっとよろしいでしょうか。   May I interrupt you for a moment?

2 おかげさまで。   Yes, thank you.

3 ごぶさたじております。   I haven't kept in touch.

Vocabulary

よろしい	よろしい	Adj	*polite for* よい／いい: fine, good
しょうがくきん	しょうがくきん	N	scholarship
用紙	ようし	N	a blank, a form
午前中	ごぜんちゅう	N, Adv	in the morning
うかがう	うかがう	CV : V$_i$	visit (someone's place)

I

A：日本の生活になれましたか。

B：ええ、だいぶなれました。いろいろな人に助けてもらいましたが。

A：どんなことがうれしかったですか。

B：友だちのうちに遊びに行ったとき、道がわからなくて、聞いたら、その人が連れて行ってくれました。それから、寮の友だちが日本語の勉強を手伝ってくれたこともうれしかったですね。

A：そうですか。こまったこともあったでしょう。

B：ええ、ありましたよ。電車はいつもこんでいて、足をふまれたり、押されたりして…。一番こまったことは自転車を取られたことです。

A：自転車を？　それはこまったでしょうね。

II

A：この建物は何ですか。

B：東京ドームです。

A：東京ドーム？

B：ええ、日本でさいしょのやねがある野球場です。

A：いつできたんですか。

B：1989年に作られました。まだ新しいです。

A：大きさはどのくらいですか。

B：約5万人が試合を見られるんです。それにコンサートもよく開かれます。

A：そうですか。

☆★☆

A：この建物は？

B：東京ドーム。

A：東京ドーム？

B：うん、日本でさいしょのやねがある野球場。

A：いつできたの？

B：まだ新しいよ。1989年に作られたんだ。

A：大きさは？

B：約5万人が試合を見られるんだ。それに、コンサートもよく開かれるよ。

A：そう。

Vocabulary

だいぶ	だいぶ	Adv	somewhat
東京ドーム	とうきょうドーム	N	*pn*: Tokyo Dome
さいしょの〜	さいしょの〜	Adv'l	the first
やね	やね	N	roof
野球場	やきゅうじょう	N	baseball grounds
できる	できる	VV : V_i	to complete, finish
大きさ	おおきさ	N	size, dimensions

第29課　Lesson 29

I

A：Bさんは○○部に入っているんでしょう。先輩、後輩のかんけいはどうですか。

B：そうですね。先輩は後輩に練習の準備をさせたり、部屋のそうじをさせたりします。Aさんのクラブはどうですか。

A：わたし／ぼくのクラブはあまりきびしくありませんが、先輩にはていねいな言葉を使わせられます。

B：それは同じですね。

　　☆★☆

A：Bさんは○○部に入ってるんでしょう。先輩、後輩のかんけい、どう？

B：そうね／そうだね。先輩は後輩に練習の準備をさせたり、部屋のそうじをさせたりするわね／させたりするね。あなた／きみのクラブはどう？

A：わたし／ぼくのクラブはあまりきびしくないけど、先輩にはていねいな言葉を使わせられるよ。

B：それは同じね／同じだね。

II

A：今度の日曜日に教室を使わせていただきたいんですが。

B：何のためですか。

A：○○の集まりなんですが。

B：はい、わかりました。

A：日曜日ですから、かぎは閉まっているんでしょうか。

Ｂ：ええ、けいびの人に開けてもらってください。
にあ

Ａ：れいぼうは使わせていただけませんか。

Ｂ：使ってもいいですよ。
つか

Ａ：食べ物を持ってきたいんですが。
たものも

Ｂ：食べ物はだめです。
たもの

Vocabulary

〜部	〜ぶ	Suf	club
先輩	せんぱい	N	one's senior
後輩	こうはい	N	one's junior
かんけい	かんけい	N	relationship
きびしい	きびしい	Adj	strict, severe
ていねい	ていねい	AN	polite, neat, careful
きみ	きみ	N	you
集まり	あつまり	N	gathering, meeting
けいび（する）	けいび（する）	N, V	guard, security
れいぼう	れいぼう	N	air conditioning
だめ	だめ	AN	no good, prohibited

第30課　Lesson 30
だいか

ROLEPLAYS

I

Ａ：知ってる？　○○さん、アパートをさがしてるらしいわよ／よ。
し

Ｂ：へえ？　どうしてわかるの？

Ａ：だって、不動産屋さんはどこにあるか、1か月いくらぐらいなんて聞いていたわよ／いたよ。
ふどうさんやげつき

Ｂ：そう／そうか¹。でも今家賃は月どのぐらいなの？
いまやちんつき

Ａ：よく知らないけど、◇◇円ぐらいらしいわよ／らしいよ。
しえん

II

―持ちよりパーティーで―
も

Ａ：あ、これ、おいしそうですね。春巻きのようですが、何ですか。
はるまなん

B：ベトナム料理で、○○と言うそうです。このタレを付けて食べるんです。

A：じゃ、いただいてみます。うーん、おいしいですね、材料は？

B：材料は、えびと野菜などですが、最近は日本でも手に入るらしいですよ。これを作った◇◇さんに聞いてみましょう。

Expressions

そう／そうか　　そうか　　*coll. form of* そうですか: Oh, really?

Vocabulary

へえ？	へえ？	Interjection	Huh?
だって	だって	Conj	well (*prefacing an explanation, coll.*)
なんて	なんて		etc. (*coll. form of* などと)
持ちより	もちより	N	potluck party
春巻き	はるまき	N	spring roll(s), egg roll(s)
ベトナム	ベトナム	N	*pn*: Vietnam
たれをつける	たれをつける	VV	dip in a sauce/spread sauce on
材料	ざいりょう	N	ingredients
えび	えび	N	shrimp(s)
など	など	P	etc.
手に入る	てにはいる	CV : Vᵢ	can purchase/can get

Word Lists

L2 Numbers, from 1 to 10000

1	いち	30	さんじゅう	200	にひゃく
2	に	40	よんじゅう	300	さんびゃく
3	さん	50	ごじゅう	400	よんひゃく
4	し／よん	60	ろくじゅう	500	ごひゃく
5	ご	70	ななじゅう	600	ろっぴゃく
6	ろく	80	はちじゅう	700	ななひゃく
7	しち／なな	90	きゅうじゅう	800	はっぴゃく
8	はち	100	ひゃく	900	きゅうひゃく
9	く／きゅう	101	ひゃくいち	1000	せん
10	じゅう	102	ひゃくに	2000	にせん
11	じゅういち	103	ひゃくさん	3000	さんぜん
12	じゅうに	104	ひゃくし／	4000	よんせん
13	じゅうさん		ひゃくよん	5000	ごせん
14	じゅうし／	105	ひゃくご	6000	ろくせん
	じゅうよん	106	ひゃくろく	7000	ななせん
15	じゅうご	107	ひゃくしち／	8000	はっせん
16	じゅうろく		ひゃくなな	9000	きゅうせん
17	じゅうしち／	108	ひゃくはち	10000	いちまん
	じゅうなな	109	ひゃくきゅう		
18	じゅうはち	110	ひゃくじゅう		
19	じゅうく／				
	じゅうきゅう				
20	にじゅう				

L2 Time

1時　いちじ	8時　はちじ
2時　にじ	9時　くじ
3時　さんじ	10時　じゅうじ
4時　よじ	11時　じゅういちじ
5時　ごじ	12時　じゅうにじ
6時　ろくじ	1時半　いちじはん
7時　しちじ／ななじ	

何時　なんじ

L2 Day of the week

Sunday	Monday	Tuesday	Wednesday	Thursday	Friday	Saturday
日曜日	月曜日	火曜日	水曜日	木曜日	金曜日	土曜日

What day of the week
何曜日

L2 Prices

1円　いちえん	10円　じゅうえん
2円　にえん	⋮
3円　さんえん	⋮
4円　よえん	100円　ひゃくえん
5円　ごえん	⋮
6円　ろくえん	⋮
7円　ななえん	1000円　せんえん
8円　はちえん	⋮
9円　きゅうえん	10000円　いちまんえん

何円　なんえん

いくら

L3 Time: Minutes

1分	いっぷん	11分	じゅういっぷん	30分	さんじゅっぷん／
2分	にふん	12分	じゅうにふん		さんじっぷん
3分	さんぷん	13分	じゅうさんぷん	40分	よんじゅっぷん／
4分	よんぷん	14分	じゅうよんぷん		よんじっぷん
5分	ごふん	15分	じゅうごふん	50分	ごじゅっぷん／
6分	ろっぷん	16分	じゅうろっぷん		ごじっぷん
7分	ななふん	17分	じゅうななふん	60分	ろくじゅっぷん／
8分	はっぷん／	18分	じゅうはっぷん／		ろくじっぷん
	はちふん		じゅうはちふん		
9分	きゅうふん	19分	じゅうきゅうふん		
10分	じゅっぷん／	20分	にじゅっぷん／	何分	なんぷん
	じっぷん		にじっぷん		

L4 Time Spans

1時間	いちじかん
2時間	にじかん
3時間	さんじかん
4時間	よじかん
5時間	ごじかん
6時間	ろくじかん
7時間	ななじかん／
	しちじかん
8時間	はちじかん
9時間	くじかん
10時間	じゅうじかん
11時間	じゅういちじかん
12時間	じゅうにじかん
何時間	なんじかん
どのくらい	

L4 Months

1月	いちがつ
2月	にがつ
3月	さんがつ
4月	しがつ
5月	ごがつ
6月	ろくがつ
7月	しちがつ
8月	はちがつ
9月	くがつ
10月	じゅうがつ
11月	じゅういちがつ
12月	じゅうにがつ
何月	なんがつ

L4 Dates

1日	ついたち	16日	じゅうろくにち
2日	ふつか	17日	じゅうしちにち
3日	みっか	18日	じゅうはちにち
4日	よっか	19日	じゅうくにち
5日	いつか	20日	はつか
6日	むいか	21日	にじゅういちにち
7日	なのか	22日	にじゅうににち
8日	ようか	23日	にじゅうさんにち
9日	ここのか	24日	にじゅうよっか
10日	とおか	25日	にじゅうごにち
11日	じゅういちにち	26日	にじゅうろくにち
12日	じゅうににち	27日	にじゅうしちにち
13日	じゅうさんにち	28日	にじゅうはちにち
14日	じゅうよっか	29日	にじゅうくにち
15日	じゅうごにち	30日	さんじゅうにち
		31日	さんじゅういちにち
何日	なんにち		

L6 Counters-1

	～枚	～台	～人	～さつ	～本	～こ	～ひき	～つ
1	いちまい	いちだい	ひとり	いっさつ	いっぽん	いっこ	いっぴき	ひとつ
2	にまい	にだい	ふたり	にさつ	にほん	にこ	にひき	ふたつ
3	さんまい	さんだい	さんにん	さんさつ	さんぼん	さんこ	さんびき	みっつ
4	よんまい	よんだい	よにん	よんさつ	よんほん	よんこ	よんひき	よっつ
5	ごまい	ごだい	ごにん	ごさつ	ごほん	ごこ	ごひき	いつつ
6	ろくまい	ろくだい	ろくにん	ろくさつ	ろっぽん	ろっこ	ろっぴき	むっつ
7	ななまい	ななだい	ななにん／しちにん	ななさつ	ななほん	ななこ	ななひき	ななつ
8	はちまい	はちだい	はちにん	はっさつ	はっぽん	はっこ	はっぴき	やっつ
9	きゅうまい	きゅうだい	きゅうにん／くにん	きゅうさつ	きゅうほん	きゅうこ	きゅうひき	ここのつ
10	じゅうまい	じゅうだい	じゅうにん	じゅっさつ／じっさつ	じゅっぽん／じっぽん	じゅっこ／じっこ	じゅっぴき／じっぴき	とお
?	なんまい	なんだい	なんにん	なんさつ	なんぼん	なんこ	なんびき	いくつ

L 7 Counters-2

	1) days 〜日	2) weeks 〜週間	3) months 〜か月	4) years 〜年	5) how often 〜回
1	いちにち	いっしゅうかん	いっかげつ	いちねん	いっかい
2		にしゅうかん	にかげつ	にねん	にかい
3		さんしゅうかん	さんかげつ	さんねん	さんかい
4		よんしゅうかん	よんかげつ	よねん	よんかい
5		ごしゅうかん	ごかげつ	ごねん	ごかい
6 the same as days		ろくしゅうかん	ろっかげつ	ろくねん	ろっかい
7 of the month		ななしゅうかん	ななかげつ	しちねん／ななねん	ななかい
8		はっしゅうかん	はっかげつ	はちねん	はっかい
9		きゅうしゅうかん	きゅうかげつ	きゅうねん	きゅうかい
10		じゅっしゅうかん／じっしゅうかん	じゅっかげつ／じっかげつ	じゅうねん	じゅっかい／じっかい
?	なんにち	なんしゅうかん	なんかげつ	なんねん	なんかい

L 16 Family Terms

わたしの〜　my〜	someone's〜
父（ちち）	お父さん（おとうさん）
母（はは）	お母さん（おかあさん）
兄（あに）	お兄さん（おにいさん）
姉（あね）	お姉さん（おねえさん）
弟（おとうと）	弟さん
妹（いもうと）	妹さん
おじ	おじさん
おば	おばさん
そふ	おじいさん
そぼ	おばあさん
子ども（こども）	お子さん／子どもさん
むすこ	むすこさん
むすめ	むすめさん
しゅじん／おっと	ごしゅじん
かない／つま	おくさん

New Vocabulary and Expressions

第21課 だい か	Lesson 21		
Word	Pronunciation (with accents)	Part of Speech	Meaning
SENTENCES			
開く	あく	CV : V$_i$	to open
〜てある	てある		*see GN*
ジム	ジム	N	*pn:* Jim
夏	なつ	N	summer
〜と	と		*see GN*
みんな	みんな	N	everyone
フォーメーション			
オタワ	オタワ	N	*pn:* Ottawa
東	ひがし	N	east
約〜	やく	Pref	about, approximately 〜
〜ばい	ばい	Quant	〜times
ゆたか	ゆたか	AN	abundant, plentiful, ample
自然	しぜん	N	nature
有名	ゆうめい	AN	famous
高校	こうこう	N	high school
趣味	しゅみ	N	interest, hobby
閉まる	しまる	CV : V$_i$	to close
つく	つく	CV : V$_i$	to turn on, come on
消える	きえる	VV : V$_i$	to go off
止める (うちの前に)	とめる	VV : V$_t$	to stop, park
止まる (うちの前に車が)	とまる	CV : V$_i$	to come to a stop, park

音	おと	N	sound
すぐ	すぐ	Adv	at once, immediately
春	はる	N	spring
まっすぐ	まっすぐ	Adv	straight
なおる	なおる	CV : V$_i$	to heal, recover
見つかる	みつかる	CV : V$_i$	to be found
プレゼント	プレゼント	N	present, gift

ドリル

生まれる	うまれる	VV : V$_i$	to be born
そだつ	そだつ	CV : V$_i$	to grow, be brought up
所	ところ	N	place; *often used with a modifier,* e.g., しずかな所
みずうみ	みずうみ	N	lake
雪	ゆき	N	snow
去年	きょねん	N	last year
なる（どのくらいになる）	なる	CV : V$_i$	to be, add up to (*quantity, length of time*)
国際経済	こくさいけいざい	N	international economics
ところで	ところで	Conj	by the way
ワイン	ワイン	N	wine
スイッチ	スイッチ	N	switch
入れる（スイッチを）	いれる	VV : V$_t$	to turn on
切る	きる	CV : V$_t$	to turn off
動く	うごく	CV : V$_i$	to move
改札口	かいさつぐち	N	wicket, ticket gate
しりょう	しりょう	N	data, materials
ひやす	ひやす	CV : V$_t$	to cool, to refrigerate
原宿	はらじゅく	N	*pn:* Harajuku
おおぜい	おおぜい	Adv, N	many (people)
まつり	まつり	N	festival

出る（店が）	でる	VV : Vᵢ	to be featured, take part
若い	わかい	Adj	young
集まる	あつまる	CV : Vᵢ	to assemble, gather
かかる（音楽が）	かかる	CV : Vᵢ	(the music is) playing

第22課 Lesson 22
だい　か

SENTENCES

〜ておく	ておく		*see GN*
全部	ぜんぶ	N	all
〜てしまう	てしまう		*see GN*
〜まえに	まえに		*see GN*
（〜た）あとで	あとで		*see GN*
〜うちに	うちに		*see GN*

フォーメーション

〜とく	とく		*see GN*
〜ちゃう	ちゃう		*see GN*
割る	わる	CV : Vₜ	to break (glass)
こわす	こわす	CV : Vₜ	to break
まちがえる	まちがえる	VV : Vₜ	to make a mistake, mistake something for something
セーブする	セーブする	IV : Vₜ	to save (computer file /document)
見つける	みつける	VV : Vₜ	to find, discover
のんびりする	のんびりする	IV : Vₜ	to feel at ease, make oneself at home
答え	こたえ	N	answer, reply
みなおす	みなおす	CV : Vₜ	to reconsider, change one's opinion about
自分で	じぶんで	Adv	by oneself
相談（する）	そうだん（する）	N, IV : Vₜ	consultation, to consult
空く	あく	CV : Vᵢ	to become vacant

ドリル

書き方	読み方	品詞	意味
めざまし時計	めざましどけい	N	alarm clock
セットする	セットする	IV : V$_t$	to set
書類	しょるい	N	document
じゅうしょ	じゅうしょ	N	address
気にする	きにする	IV : V$_t$	to mind, worry, take something to heart
ええっ	ええっ	Interj	What!
ほんとうに	ほんとうに	Adv	really, truly
よごす	よごす	CV : V$_t$	to soil, stain
プリント	プリント	N	handouts for class
やぶる	やぶる	CV : V$_t$	to tear
文書	ぶんしょ	N	document
消す (ワープロ文書を)	けす	CV : V$_t$	to delete, erase
約束（する）	やくそく（する）	N, IV : V$_t$	promise, appointment, to promise /make an appointment
中山	なかやま	N	*pn:* Nakayama
パスポート	パスポート	N	passport

第23課　だい　か　Lesson 23

SENTENCES

書き方	読み方	品詞	意味
物価	ぶっか	N	price of commodities, cost of living
～すぎる	すぎる		*see GN*
会議	かいぎ	N	conference
伝える	つたえる	VV : V$_t$	to tell, convey (a message)
～によると	によると	Adv'l	according to ～
会社	かいしゃ	N	company
ストライキ(する)	ストライキ(する)	N, IV : V$_i$	strike, to go on strike
～そう	そう		*see GN*
天気予報	てんきよほう	N	weather report
だろう	だろう	Aux, V	*plain form of* でしょう

フォーメーション

問題	もんだい	N	question
急に	きゅうに	Adv	suddenly
けがをする	けがをする	IV : (Vᵢ)	to be injured
女性	じょせい	N	woman
数	かず	N	number
論文	ろんぶん	N	research paper
ごうかく（する）	ごうかく（する）	N, IV : Vᵢ	pass, to pass (an exam)
事務員	じむいん	N	office clerk
くもり時々晴れ	くもりときどきはれ	N	cloudy with occasional clearing
秋学期	あきがっき	N	fall term
休みの日	やすみのひ	N	day off
初めて	はじめて	Adv	for the first time
地震	じしん	N	earthquake

ドリル

ちょうどいい	ちょうどいい	Adj	just right
はで	はで	AN	gaudy
じみ	じみ	AN	subdued (color, design, person's character)
火事	かじ	N	fire
事故	じこ	N	accident
では	では		Well then, ...
あぶない	あぶない	Adj	dangerous

第24課 Lesson 24
だい か

SENTENCES

大雪	おおゆき	N	heavy snow
～ために	ために		*see GN*
～ように	ように		*see GN*
～あいだに	あいだに		*see GN*
色々	いろいろ	AN	varied, various
～し～	し		*see GN*
ふんいき	ふんいき	N	atmosphere, mood

フォーメーション

中止（する）	ちゅうし（する）	N, IV : V$_t$	cancelation, to call off
起こる（じしんが）	おこる	CV : V$_i$	to happen, occur
集める	あつめる	VV : V$_t$	to gather, collect
続ける	つづける	VV : V$_t$	to continue
用意（する）	32 ようい（する）	N, IV : V$_t$	preparation, to prepare, get ～ ready
点字	てんじ	N	braille
文字	もじ	N	letter(s), alphabet
目	め	N	eye
ギター	ギター	N	guitar
左きき	ひだりきき	N	left-handed
教科書	きょうかしょ	N	textbook
考え	かんがえ	N	idea, opinion, thought
字	じ	N	letter(s), alphabet
黒板	こくばん	N	blackboard
品物	しなもの	N	goods, product(s)
売れる	うれる	VV : V$_i$	to sell well
ねだん	ねだん	N	price
変わる	かわる	CV : V$_i$	to change

ドリル

水不足	みずぶそく	N	water shortage
せいせき	せいせき	N	grade, score (on a test, etc.)
単位	たんい	N	units
足りる	たりる	VV : V$_i$	to suffice, be enough
どうして	どうして	Adv	why
文化	ぶんか	N	culture
知る	しる	CV : V$_t$	to learn of, get to know
ちょうさ（する）	ちょうさ（する）	N, IV : V$_t$	survey, to survey, conduct a survey
ゆっくり	ゆっくり	Adv	slowly
ひょうげん（する）	ひょうげん（する）	N, IV : V$_t$	expression, to express

大学院	だいがくいん	N	graduate school
受ける	うける	VV : V$_t$	to receive
今学期	こんがっき	N	this term/semester
ほかに	ほかに	Adv	else, in addition

第25課 Lesson 25

SENTENCES

～ば	ば		*see GN*
～のに	のに		*see GN*

フォーメーション

遠く	とおく		distant, far
間に合う	まにあう	CV : V$_i$	to be in/on time, make it
番組	ばんぐみ	N	(TV/radio) program
ひろう（タクシーを）	ひろう	CV : V$_t$	to grab, flag down a taxi
鳥	とり	N	bird
ちこく（する）	ちこく（する）	IV : V$_i$	to be late

ドリル

マニュアル	マニュアル	N	a manual
大使館	たいしかん	N	embassy
あやまる	あやまる	CV : V$_i$	to apologize
チケット	チケット	N	ticket
プレイガイド	プレイガイド	N	play guide
結婚式	けっこんしき	N	wedding (ceremony)
不動産屋	ふどうさんや	N	realtor
げき	げき	N	play
コンパ	コンパ	N	a party to promote fellowship
さんか（する）	さんか（する）	N, IV : V$_i$	participation, to participate
んだ	んだ		*coll. of* のです
何度も	なんども	Adv	over and over again
返事	へんじ	N	reply, answer, response

SENTENCES

私	わたくし	N	I (*formal*)
まいります	まいります	CV : Vᵢ	*humble for* 行く／来る
いらっしゃる	いらっしゃる	CV : Vᵢ	*honorific for* 行く／来る／いる
～さま	さま	Suf	*honorific for* ～さん
おかあさま	おかあさま	N	*honorific for* お母さん
お～	お	Pref	*honorific prefix*
でございます	でございます	CV : Vᵢ	*humble or polite for* ～だ
ございます	ございます	CV : Vᵢ	*polite for* あります

フォーメーション

おります	おります	CV : Vᵢ	*humble for* いる
いたします	いたします	CV : Vₜ	*humble for* する
はいけんする	はいけんする	IV : Vₜ	*humble for* 見る
ぞんじている	ぞんじている	VV : Vₜ	*humble for* 知っている
お目にかかる	おめにかかる	CV : Vᵢ	*humble for* 会う
なさる	なさる	CV : Vₜ	*honorific for* する
めしあがる	めしあがる	CV : Vₜ	*honorific for* たべる／のむ
ごらんになる	ごらんになる	CV : Vₜ	*honorific for* 見る
おっしゃる	おっしゃる	CV : Vₜ	*honorific for* 言う
ごぞんじだ	ごぞんじだ		*honorific for* 知っている
林	はやし	N	*pn:* Hayashi
方	かた	N	*honorific for* ひと: person
教師	きょうし	N	teacher
住まい	すまい	N	residence
どなた	どなた	Ques. N	who (*polite form*)
でいらっしゃいます	でいらっしゃいます	CV : Vᵢ	*honorific for* ～だ
会場	かいじょう	N	meeting place, gathering spot
（お）手洗い	（お）てあらい	N	lavatory, bathroom
～階	かい	Quant	～st/nd/rd/th floor

ドリル

友人	ゆうじん	N	friend
山川	やまかわ	N	*pn:* Yamakawa
太郎	たろう	N	*pn:* Taro (*male*)
まりこ	まりこ	N	*pn:* Mariko (*female*)
部長	ぶちょう	N	section chief

第27課　Lesson 27

SENTENCES

| パンフレット | パンフレット | N | pamphlet |

フォーメーション

ご〜	ご	Pref	*honorific prefix, see GN*
出席（する）	しゅっせき（する）	N, IV : V$_i$	attendance, to attend
降りる	おりる	VV : V$_i$	to get off
かける（いすに）	かける	VV : V$_i$	to sit

ドリル

出発（する）	しゅっぱつ（する）	N, IV : V$_i$	departure, to depart, take off
たいざい（する）	たいざい（する）	N, IV : V$_i$	short stay, visit, to stay (somewhere) for a while
行き先	いきさき	N	destination
時期	じき	N	time, period
期間	きかん	N	term, period of time
初め	はじめ	N	the beginning, at first
ヨーロッパ	ヨーロッパ	N	Europe
終わり	おわり	N	end
ハワイ	ハワイ	N	Hawaii
よぶ（タクシーを）	よぶ	CV : V$_t$	to call, flag down, summon
サイン（する）	サイン（する）	N, IV : V$_t$	signature, to sign

SENTENCES

カレン	カレン	N	*pn:* Karen
ほめる	ほめる	VV : V$_t$	to praise, compliment
ハムレット	ハムレット	N	*pn:* Hamlet
シェークスピア	シェークスピア	N	*pn:* Shakespeare
〜によって	によって		*see GN*
〜ないで	ないで		*see GN*

フォーメーション

なく	なく	CV : V$_i$	to cry, weep
起こす	おこす	CV : V$_t$	to cause to happen, bring about, to wake
しかる	しかる	CV : V$_t$	to scold, reprimand
さそう	さそう	CV : V$_t$	to invite someone to do something
助ける	たすける	VV : V$_t$	to help, aid, save
たのむ	たのむ	CV : V$_t$	to request
発音	はつおん	N	pronunciation
注意（する）	ちゅうい（する）	N, IV	advice, warning, to give advice, warn
ふむ	ふむ	CV : V$_t$	to tread/step on
赤ちゃん	あかちゃん	N	a baby
まんが	まんが	N	cartoon, comics
英字新聞	えいじしんぶん	N	English-language newspaper
電子辞書	でんしじしょ	N	electronic dictionary
ピカソ	ピカソ	N	*pn:* Picasso
かく	かく	CV : V$_t$	to paint
ベル	ベル	N	*pn:* Bell
発明（する）	はつめい（する）	N, IV : V$_t$	invention, to invent
〜世紀	せいき	Quant	century
建てる	たてる	VV : V$_t$	to build
米	こめ	N	(uncooked) rice

オリンピック	オリンピック	N	Olympic
開く	ひらく	CV : V$_t$	to hold (a party, meeting)
うれしい	うれしい	Adj	happy, glad
先輩	せんぱい	N	one's senior
えんりょ（する）	えんりょ（する）	N, IV	reserve, to be reserved, hold back
準備運動	じゅんびうんどう	N	warm-up exercises

ドリル

実は	じつは	Adv	actually, to tell the truth
話しかける	はなしかける	VV : V$_i$	to speak to ～, start up a conversation with someone
この間	このあいだ	N, Adv	the other day
すり	すり	N	pickpocket
とる	とる	CV : V$_t$	to steal, take
ぬすむ	ぬすむ	CV : V$_t$	to steal
助かる	たすかる	CV : V$_i$	to be of help
ちゃんと	ちゃんと	Adv	properly, as (one) should
世界	せかい	N	world
ほんやく（する）	ほんやく（する）	N, IV : V$_t$	translation, to translate

第29課　だい　か　Lesson 29

SENTENCES

スピーチ（する）	スピーチ（する）	N, IV : V$_i$	speech, to give a speech
～させていただきたいんですが	させていただきたいんですが		*see GN*

フォーメーション

やくす	やくす	CV : V$_t$	to translate
かなしむ	かなしむ	CV : V$_t$	to grieve, feel sad
よろこぶ	よろこぶ	CV : V$_i$	to be happy, take pleasure in
心配（する）	しんぱい（する）	N, IV : V$_t$	worry, to worry
話し合い	はなしあい	N	discussion
しかい（する）	しかい（する）	N, IV : V$_i$	emcee, chair, to preside over, to emcee

子どもさん	こどもさん	N	someone's child
店員	てんいん	N	shop clerk
長く	ながく	N	a long time
つとめる	つとめる	N	to be employed, work for
税関	ぜいかん	N	customs house, customs
意見	いけん	N	opinion
失礼する	しつれいする	IV : V$_i$	to excuse oneself, leave
しばらく	しばらく	Adv	awhile

ドリル

親	おや	N	parent
むかえに行く	むかえにいく	CV : V$_t$	to go to meet someone (who is arriving)
提出（する）	ていしゅつ（する）	N, IV : V$_t$	submission, to hand in ～
のばす	のばす	CV : V$_t$	to postpone, put off
うかがう	うかがう	CV : V$_i$, V$_t$	*humble for* たずねる: to pay a visit, to inquire
～ていただけませんか	ていただけませんか		Would you ～?
つうやく（する）	つうやく（する）	N, IV : V$_t$	interpret, to interpret

第30課 だい か Lesson 30

SENTENCES

～らしい	らしい	Adj	it seems that ～, looks like ～
遠い	とおい	Adj	far, distant
～ようだ	ようだ		*see GN*
～そう	そう		*see GN*

フォーメーション

ご主人	ごしゅじん	N	someone's husband
エンジニア	エンジニア	N	engineer
期末試験	きまつしけん	N	final examination
近く（の店）	ちかく	AN	near, close
洋服	ようふく	N	Western clothing

とれる (ボタンが)	とれる	VV : Vi	to come off
たな	たな	N	shelf
落ちる	おちる	VV : Vi	to fall, drop, come down
なくなる	なくなる	CV : Vi	to run out, go dead, lose

ドリル

なべ	なべ	N	pot, pan, casserole
やかん	やかん	N	kettle
コーヒーポット	コーヒーポット	N	coffeepot
正しい	ただしい	Adj	correct, accurate
救急車	きゅうきゅうしゃ	N	ambulance
パトカー	パトカー	N	police/patrol car
ひも	ひも	N	string, cord
切れる	きれる	VV : Vi	to rip, tear, wear out, cut off
ブローチ	ブローチ	N	brooch
南アメリカ	みなみアメリカ	N	South America
できごと	できごと	N	happening, event
～について	について	Adv'l	with respect to ～, about ～

Vocabulary in Order of Fifty Syllabary

アイシーユー [ICU] International Christian University, L2

アイスクリーム ice cream, L14

あいだ [間] between, L9

（〜ている）あいだ *see GN*, L11

あいだに *see GN*, L24

あう [会う] to see, meet, L3

あお [青] blue, L14

あおい [青い] blue, L6

あか [赤] red, L14

あかい [赤い] red, L5

あかちゃん [赤ちゃん] baby, L28

あかるい [明るい] clear, bright, L5

あきがっき [秋学期] fall term, L23

あきこ [明子] *pn*: Akiko (*female*), L9

あきはばら [秋葉原] *pn*: Akihabara, L4

あきやすみ [秋休み] autumn vacation, L15

あく [開く] to open, L21

あく [空く] to become vacant, L22

アクセサリー accessories, L11

あける [開ける] to open, L9

あげる to give to someone else (as a gift), L19

あさ [朝] morning, L3

あさくさ [浅草] *pn*: Asakusa, L15

あさごはん [朝ご飯] breakfast, L3

あさって the day after tomorrow, L17

あした tomorrow, L3

あそこ that place over there, L6

あそぶ [遊ぶ] to enjoy oneself, L8

あたたかい warm, L6

あたま [頭] head, L8

あたらしい [新しい] new, L5

あつい [暑い] hot (*air, weather*), L5

あつい hot (*thing*), L8

あつまる [集まる] to assemble, gather, L21

あつめる [集める] to gather, collect, L24

あとで [後で] later on, L11

（〜た）あとで *see GN*, L22

アナウンス（する） announcement, to make an announcement, L13

あなた you, L1

あに [兄] my elder brother, L16

あね [姉] my elder sister, L16

あの that〜 over there, L2

アパート apartment, apartment house, L4

あびる to pour over oneself, L10

あぶない dangerous, L23

あまり（＋*neg*）not very (*with negative predicate*), L7

あむ to knit, L20

あめ [雨] rain, L10

アメリカ *pn*: U.S.A., L1

あやまる to apologize, L25

あらう [洗う] to wash, L16

ある to exist (*inanimate*), L6

ある to have, L10

あるいて [歩いて] on foot, L3

あるく [歩く] to walk, L13

アルバイト（する） part-time job, to work part-time, L6

あれ that (*far from speaker and hearer*), L1

あんぜん [安全] safe, secure, L5

あんない（する）[案内（する）] guidance, to guide, show, L20

いい good, L4

いいえ no, L1

いう [言う] to say, L9

いかが *polite for* どう: how, L7

いきさき [行き先] destination, L27

イギリス *pn*: England, U.K., L2

いく [行く] to go, L3

いくつ how many, L6

いくら how much, L2
いけばな flower arrangement, L15
いけん ［意見］ opinion, L29
いしゃ ［医者］ doctor, L8
〜いじょう ［以上］ more than, L12
いす chair, L6
いそがしい busy, L9
いたい ［痛い］ to hurt, L8
いたします *humble for* する, L26
いただく *humble for* もらう: to receive, L19
いちご strawberry, L14
いちばん ［一番］ number one, the 〜est, L14
いつ when, L3
いっしょに together, L4
いっぱい full, L7
いつも always, L3
いなか the country(side), hometown, L10
いぬ ［犬］ dog, L6
いま ［今］ now, L2
いもうと ［妹］ my younger sister, L16
いもうとさん ［妹さん］ (someone's) younger
  sister, L16
いや disagreeable, unpleasant, distasteful,
  L5
いらっしゃる *honorific for* 行く／来る／いる, L26
いりぐち ［入口］ entrance, doorway, L17
いる to exist (*animate*), L6
いる to need, L8
いれる ［入れる］ to put into, enter, L18
いれる ［入れる］ to turn on, L21
いろ ［色］ color, L14
いろいろ ［色々］ varied, various, L24
いんさつ（する） printing, to print, L17
いんしょうてき impressive, L10

うえ ［上］ on, over, above, L9
うかがう *humble for* たずねる: to pay a
  visit, inquire, L29
うける ［受ける］ to receive, L24
うごく ［動く］ to move, L21
うしろ ［後ろ］ in back of, behind, L9
うた ［歌］ song, L7
うたう ［歌う］ to sing, L7
うち home, L3
〜うちに *see GN*, L22
うつ ［打つ］ to type, L11

うまれる ［生まれる］ to be born, L21
うみ ［海］ sea, ocean, L8
うる ［売る］ to sell, L12
うるさい noisy, pesky, bothersome, L9
うれしい happy, glad, L28
うれる ［売れる］ to sell well, L24
うわぎ ［上着］ jacket, blazer, etc., L11
うんてん（する）［運転（する）］ driving, to
  drive, L9
うんどう（する）［運動（する）］ exercise,
  athletics, sports, to do exercise, L10

え painting, L9
えいが ［映画］ movie, L3
えいがかん ［映画館］ movie theater, L6
えいご ［英語］ English (language), L4
えいじしんぶん ［英字新聞］ English language
  newspaper, L28
ええ yes, yeah, L1
ええっ What!, L22
えき ［駅］ (train) station, L6
エスせき ［S席］ S seating (*the most
  expensive*), L14
えはがき picture postcard, L4
〜えん ［〜円］ en, yen, L2
えん ［円］ yen, L8
エンジニア engineer, L30
えんぴつ pencil, L6
えんりょ（する） reserve, to be reserved, hold
  back, L28

お〜 *honorific prefix*, L26
おいしい delicious, L5
おいわい celebratory gift, celebration, L19
おおい ［多い］ many, lots of, much, L5
おおきい ［大きい］ big, L5
おおさか ［大阪］ *pn*: Osaka, L10
オーストラリア *pn*: Australia, L14
おおぜい many (people), L21
おおゆき ［大雪］ heavy snow, L24
おかあさま *honorific for* お母さん, L26
おかあさん ［お母さん］ (someone's) mother,
  Mom, L16
おかし snacks, sweets, L2
おきなわ ［沖縄］ *pn*: Okinawa, L12
おきゃくさん ［お客さん］ guest, customer,

L11

おきる［起きる］to get up, wake up, L3

おく to put, place, L9

おくる［送る］to send, L4

おくる［送る］to see someone off, take/ escort someone someplace, L20

おくれる to be late, L17

おこさん［お子さん］(someone's) child, L16

おこす［起こす］to cause to happen, bring about, wake, L28

おこる［起こる］to happen, occur, L24

おしえる［教える］to teach, tell, L4

おじ my uncle, L16

おじいさん (someone's) grandfather, L16

おじさん (someone's) uncle, L16

おす［押す］to push, L18

おそい late, L9

おそく late, L9

おたく［お宅］someone else's home, L19

オタワ *pn*: Ottawa, L21

おちる［落ちる］to fall, drop, come down, L30

おっしゃる *honorific for* 言う, L26

おつり change, L8

おと［音］sound, L21

おとうさん［お父さん］(someone's) father, Dad, L16

おとうと［弟］my younger brother, L16

おとうとさん［弟さん］(someone's) younger brother, L16

おなか stomach, L7

おなじ［同じ］same, L14

おにいさん［お兄さん］(someone's) older brother, L16

おねえさん［お姉さん］(someone's) older sister, L16

おば my aunt, L16

おばあさん (someone's) grandmother, an old lady, L16

おばさん (someone's) aunt, L16

オフィス office, L11

おぼえる［覚える］to learn, remember, memorize, L11

おみやげ souvenir, small gift, L12

おめにかかる［お目にかかる］*humble for* 会う, L26

おもい［重い］heavy, L10

おもいやり［思いやり］consideration, thoughtfulness, L16

おもう［思う］to think, L12

おもしろい interesting, L5

おや［親］parent, L29

およぐ［泳ぐ］to swim, L3

おりがみ［おり紙］ORIGAMI, folded paper art, L15

おりる［降りる］to get off, L27

オリンピック Olympics, L28

おります *humble for* いる, L26

おる to fold, L15

おわり［終わり］the end, L27

おわる［終わる］to finish, L10

おんがく［音楽］music, L3

おんせん［温泉］hot spring, L10

〜か［課］Lesson 〜, L1

か *question marker*, L1

か or, L6

か［課（この課）］lesson, L11

が *subject marker*, L5

が but *see GN*, L6

が *sentence ending: softener*, L11

カード card, L19

ガールフレンド girlfriend, L15

〜かい［〜回］〜 time(s), L7

〜かい［〜階］〜st/nd/rd/th floor, L26

かいぎ［会議］conference, L23

がいこく［外国］foreign country, L6

がいこくじん［外国人］foreigner, L6

かいさつぐち［改札口］wicket, ticket gate, L21

かいしゃ［会社］company, L23

かいじょう［会場］meeting place, gathering spot, L26

ガイドブック guidebook, L12

かいもの（する）［買い物（する）］shopping, to shop, L3

かいわ［会話］conversation, L2

かう［買う］to buy, L3

かう to keep (pets), L9

かえす［返す］to return (something), L17

かえり［帰り］return, homecoming, L10

かえる［帰る］to go home, return, L3

かおる *pn*: Kaoru (*female*), L9

かかる cost (*money*), take (*time*), L12

かかる (the music is) playing, L21

かぎ key, L1

かく ［書く］ to write, L3

かく to paint, L28

がくせい ［学生］ student(s), L1

かける to make (a phone call), L9

かける to lock, L9

かける to put on/wear (glasses), L11

かける to sit, L27

～かげつ ［～か月］ ～ month(s), L7

かさ umbrella(s), L1

かじ ［火事］ fire, L23

かす ［貸す］ to lend, L4

かず ［数］ number, L23

かぜ a cold, L8

かぜ ［風］ wind, L12

かぞく ［家族］ family, L4

ガソリン・スタンド gas station, L9

～かた ［方］ way of ～ing, L18

かた ［方］ *honorific for* ひと: person, L26

かたづける to tidy up, L20

～がつ ［～月］ month, L4

がっこう ［学校］ school, L10

～かどうかわからない *see GN*, L18

かなしむ to grieve, feel sad, L29

かなり quite (a lot), rather, very, L13

（お）かね ［（お）金］ money, L9

かねもち ［金持ち］ rich person, L16

かばん bag, L1

かびん ［花びん］ vase, L19

かぶき ［歌舞伎］ KABUKI (a form of stage drama), L15

かぶる to put on (the head), cover oneself, L11

かみ ［紙］ paper, L6

かみ hair, L16

ガム chewing gum, L2

カメラや ［カメラ屋］ camera shop, L9

～かもしれない *see GN*, L12

かようび ［火曜日］ Tuesday, L2

から from, L2

から *see GN*, L9

カラー color, L6

からて ［空手］ KARATE, L15

かりる ［借りる］ to borrow, L15

かるい ［軽い］ light (*weight*), L10

カレン *pn*: Karen, L28

カレンダー calendar, L9

かわる ［変わる］ to change, L24

かんがえ ［考え］ idea, opinion, thought, L24

かんがえる ［考える］ to think, L18

かんコーヒー canned coffee drink, L6

かんこく ［韓国］ *pn*: South Korea, L1

かんじ ［漢字］ kanji, L2

かんたん simple, easy, L5

きいろ ［黄色］ yellow, L14

きえる ［消える］ to go off, L21

きかい ［機械］ machine, L20

きかん ［期間］ term, period of time, L27

きく ［聞く］ to listen, hear, L3

きく ［聞く］ to ask, L4

きこえる ［聞こえる］ to be audible, L18

ギター guitar, L24

きたない dirty, unclean, L5

きたまち ［北町］ *pn*: Kitamachi, L14

きちじょうじ ［吉祥寺］ *pn*: Kichijoji, L2

きちんと neatly, L9

きっさてん ［喫茶店］ coffee shop, L3

きって ［切手］ (postage) stamp, L6

きっぷ ticket, L8

きにする ［気にする］ to mind, worry, take something to heart, L22

きのう yesterday, L3

きぶん ［気分］ feeling, mood, L8

きまつしけん ［期末試験］ final examination, L30

キム *pn*: Kim, L7

きめる ［決める］ to decide, L18

きもち ［気持ち］ feeling, L8

きもの ［着物］ kimono, L15

きゅうきゅうしゃ ［救急車］ ambulance, L30

きゅうしゅう ［九州］ *pn*: Kyushu, L4

きゅうに ［急に］ suddenly, L23

きょう today, L3

きょうかしょ ［教科書］ textbook, L24

きょうし ［教師］ teacher, L26

きょうと ［京都］ *pn*: Kyoto, L10

きょねん last year, L22

きらい to dislike, L7

きる ［着る］ to put on (jacket, T-shirt), L11

きる ［切る］ to turn off, L21

きれい pretty, beautiful, clean, L5

きれる ［切れる］ to rip, tear, wear out, cut off, L30

きをつける ［気をつける］ to be careful, L9

きんじょ ［近所］ neighborhood, L6

きんようび ［金曜日］ Friday, L2

ぎんこう ［銀行］ bank, L2

くうき ［空気］ air, L5

くうこう ［空港］ airport, L6

くすり ［薬］ medicine, L14

くださる humble for くれる, L19

くだもの fruit, L14

くつ shoe(s), L8

くに ［国］ country, L1

くに ［国］ homeland, birthplace, nationality, L12

くもり cloudy, L12

くもりときどきはれ ［くもり時々晴れ］ cloudy with occasional clearing, L23

くらい ［暗い］ dark, L5

ぐらい about, L7

クラス class, L3

クラブ club, L6

クリス pn: Chris, L16

クリスマス Christmas, L19

クリニック clinic(s), L8

くる ［来る］ to come, L3

くるま ［車］ car, L5

くれる to give (me, us), L19

くろ ［黒］ black, L14

くろい ［黒い］ black, L5

〜くん familiar term of address used with men's/boys' names, L19

けいかく（する）［計画（する）］ plan, to plan, L20

けいざい ［経済］ economics, L1

ケーキ cake, L15

けがをする to be injured, L23

げき play, L25

けさ this morning, L3

けしき scenery, L10

けしゴム ［消しゴム］ eraser, L6

けす ［消す］ to turn off, L9

けす ［消す］ to delete, erase, L22

けっこん（する）［結婚（する）］ marriage, to get married, L11

けっこんしき ［結婚式］ wedding ceremony, L25

げつようび ［月曜日］ Monday, L2

けん pn: Ken (male), L9

けど but, L17

けれども see GN, L16

けんきゅう（する）［研究（する）］research, to do research, L11

げんき ［元気］ fine, well, in good spirits, L8

〜こ counter for small objects, L6

ご〜 honorific prefix, see GN, L27

こうえん ［公園］ park, L6

ごうかく（する） pass, to pass (an exam), L23

こうこう ［高校］ high school, L21

こうちゃ ［紅茶］ black tea, L3

こうつう ［交通］ traffic, transportation, L5

こうばん ［交番］ KOBAN, police box, L6

こえ ［声］ voice, L9

コース course, L11

コート coat, L15

コーヒー coffee, L2

コーヒーポット coffee pot, L30

コーラ cola, L3

こくさいけいざい ［国際経済］ international economics, L21

こくばん ［黒板］ blackboard, L24

こくりつとしょかん ［国立図書館］ national library, L13

ここ here, L6

ごご ［午後］ p.m., afternoon, L2

こころ ［心］ mind, heart, L16

ございます polite for あります, L26

ごしゅじん ［ご主人］ someone's husband, L30

ごぜん ［午前］ a.m., morning, L2

ごぞんじだ honorific for 知っている, L26

こたえ ［答え］ answer, reply, L22

こたつ KOTATSU, low table with a heating element under it, L19

ごちそう（する） entertainment, to entertain, treat (a person to something),

L20
こと thing (*abstract*), L9
ことがある *see GN*, L15
ことができる *see GN*, L13
ことし this year, L15
ことば ［言葉］ word(s), language, L11
こども ［子ども］ child(ren), L4
こどもさん ［子どもさん］ someone's child, L29
この this, L2
このあいだ ［この間］ the other day, L28
このあたり in this vicinity, L9
ごはん ［ご飯］ (cooked) rice, meal, L3
コピー（する） copy, to copy, L9
こまる to have/get into trouble, L13
ごみ trash, L9
こむ to get crowded, L13
こめ ［米］ (uncooked) rice, L28
ごらんになる *honorific for* 見る, L26
これ this (*close to the speaker*), L1
これから from now on, L15
～ごろ at about (*time*), L6
こわす to break, L22
こんがっき ［今学期］ this term/semester, L24
コンサート concert, L2
こんしゅう ［今週］ this week, L4
こんど ［今度］ this/next ～, L8
こんばん ［今晩］ this evening, L3
コンパ party to promote fellowship, L25
コンパクト compact, L8
コンピュータ computer, L6

サービス service, L10
～さい years old, L16
さいきん ［最近］ recently, lately, these days, L13
サイクリング cycling, L18
さいふ wallet, purse, L8
サイン（する） signature, to sign, L27
さかな ［魚］ fish, L14
さがす to look for, search, L11
さきに ［先に］ ahead, L18
さくぶん ［作文］ composition, essay, L2
（お）さけ ［（お）酒］ sake, L8
さしあげる *honorific for* あげる: to give, L19

さしみ SASHIMI, raw sliced fish, L13
～させていただきたいんですが *see GN*, L29
さそう to invite someone to do something, L28
～さつ *counter for books*, L6
サッカー soccer, L18
ざっし magazine, L2
さっぽろ ［札幌］ *pn*: Sapporo, L14
さとう ［佐藤］ *pn*: Sato, L5
サボる to cut class, L17
～さま *honorific for* ～さん, L26
さむい ［寒い］ cold (*air, weather*), L9
さわぐ to make noise, L18
～さん Mr./ Mrs./ Ms., L1
さんか（する） participation, to participate, L25
サンドイッチ sandwich, L17
ざんねん too bad, a pity, L8
さんぽ（する） walk, stroll, to go for a walk, L10

～し～ *see GN*, L24
～じ ［～時］ ～ o'clock, L2
じ ［字］ letter(s), alphabet, L24
しあい ［試合］ match, game, L18
シーディー ［CD］ CD, compact disc, L8
シーディープレーヤー ［CD プレーヤー］ CD player, L9
ジーンズ jeans, L11
シェークスピア *pn*: Shakespeare, L28
しか （＋*neg*） *with negative predicate*: nothing but, L6
しかい（する） emcee, chair, to preside over, emcee, L29
しかる to scold, reprimand, L28
じかん ［時間］ time, L2
～じかん ［～時間］ hour, L4
じかん ［時間（がある）］ time, L7
じき ［時期］ time, period, L27
しけん（する）［試験（する）］ test, exam, to give a test, L9
じこ ［事故］ accident, L23
しごと（する）［仕事（する）］ job, work, to work, L5
じしょ ［辞書］ dictionary, L1
じしん ［地震］ earthquake, L23

しずか［静か］quiet, L5

しぜん［自然］nature, L21

した［下］under, beneath, below, L9

じつは［実は］actually, to tell the truth, L28

しつもん（する）［質問（する）］question, to ask a question, L18

しつれいする［失礼する］to excuse oneself, leave, L29

じてんしゃ［自転車］bicycle, L3

しなもの［品物］goods, product(s), L24

しぬ［死ぬ］to die, L3

しばらく awhile, L29

じぶん［自分］oneself, L9

じぶんで［自分で］by oneself, L22

しまる［閉まる］to close, L21

じみ subdued (color, design, person's character), L23

ジム *pn*: Jim, L21

じむいん［事務員］office clerk, L23

しめる［閉める］to close, L9

シャッター shutter, L20

しゃしん［写真］photograph, L4

しゃちょう［社長］president of a company, L19

シャワー shower, L10

〜しゅうかん［〜週間］〜 week(s), L7

しゅうかん［習慣］custom, habit, L20

しゅうしょく（する）employment, to get employment, L18

じゅうしょ address, L22

ジュース juice, L3

しゅうまつ［週末］weekend, L4

じゅぎょう［授業］class, L10

しゅくだい［宿題］homework, assignment, L8

しゅっせき（する）［出席（する）］attendance, to attend, L27

しゅっぱつ（する）［出発（する）］departure, to depart, take off, L27

しゅみ［趣味］interest, hobby, L21

じゅわき［受話器］telephone receiver, L18

じゅんび（する）［準備（する）］preparations, to get ready for, L10

じゅんびうんどう［準備運動］warm-up exercises, L28

しょうかい（する）［紹介（する）］introduction, to introduce, L20

しょうがつ［正月］the New Year, L19

じょうず good at, skillful, L7

しょうたい（する）［招待（する）］invitation, to invite, L20

しょうたいじょう［招待状］invitation letter(s)/card(s), L17

しょうらい［将来］future, L8

ジョージ *pn*: George, L1

ジョギング jogging, L4

しょくじ（する）［食事（する）］meal, to dine, eat a meal, L8

しょくどう［食堂］dining hall, L1

じょせい［女性］woman, L23

しょっき［食器］dishes, L19

しょどう［書道］SHODO, calligraphy, L15

じょるい［書類］document, L22

ジョン *pn*: John, L1

しらべる［調べる］to investigate, L15

しりょう data, materials, L21

しる［知る］to learn of, get to know, L24

しろ［白］white, L14

しろい［白い］white, L5

じろう［二郎］*pn*: Jiro (*male*), L20

しろくろ［白黒］black and white, L6

しんかんせん［新幹線］bullet train, L5

しんじゅく［新宿］*pn*: Shinjuku, L2

しんせつ［親切］kind, L5

しんせん fresh, L10

しんぱい（する）［心配（する）］worry, to worry, L29

しんぶん［新聞］newspaper, L2

しんまち［新町］*pn*: Shinmachi, L14

〜じん［人］people from 〜, L1

じんこう［人口］population, L14

スイッチ switch, L21

すいえい［水泳］swimming, L6

すいせんじょう［推薦状］letter of recommendation, L20

すいようび［水曜日］Wednesday, L2

すう to smoke, L17

スーツ suit (clothes), L17

スーパー supermarket, L6

スーパーマーケット supermarket, L13

スカート skirt, L11

スカーフ scarf, L19
すき［好き］to like, L7
スキー ski, L7
すきやき SUKIYAKI, beef and vegetable stew, L8
〜すぎる see GN, L23
すく to get empty/hungry, L18
すくない［少ない］few, L5
すぐ at once, immediately, L21
すし SUSHI, raw fish on rice, L7
すしや［すし屋］SUSHI restaurant, L9
すずき［鈴木］pn: Suzuki, L7
ずっと much, far (with a comparative), L14
ステーキ steak, L14
すてき beautiful, fantastic, terrific, L19
ステレオ stereo, L8
ストーブ heater, L9
ストライキ（する）strike, to go on strike, L23
スニーカー sneaker(s), L11
すばらしい marvelous, wonderful, L10
スピーカー speaker, L9
スピーチ（する） speech, to give a speech, L29
スピーチコンテスト speech contest(s), L8
スポーツ sport(s), L7
ズボン trousers, L11
すまい［住まい］residence, L26
スミス pn: Smith, L1
すむ［住む］to live, reside, L11
すもう SUMO, L15
すり pickpocket, L28
する to do, L3
すわる［座る］to sit, L13

せいかく accurate, L10
せいかつ（する）［生活（する）］life, living, to live, L5
ぜいかん［税関］customs house, customs, L29
〜せいき［〜世紀］century, L28
せいじ［政治］politics, L11
せいせき grade, score (on a test, etc.), L24
セーター sweater, L11
セーブする to save (computer file/document), L22

せかい［世界］world, L28
せがたかい［せが高い］tall (of a person), L5
せがひくい［せが低い］short (of a person), L5
せき［席］seat, L14
セットする to set, L22
せつめい（する）［説明（する）］explanation, to explain, L20
ぜひ by all means, L8
せまい small, narrow, L5
セミナー seminar, L12
せんこう［専攻］major (field of study), L1
せんしゅう［先週］last week, L4
せんせい［先生］professor, teacher, L1
ぜんぜん (+ neg) never, L7
せんたく（する）laundry, to do laundry, L9
せんとう public bath, L9
せんぱい［先輩］one's senior, L28
ぜんぶ［全部］all, L22

そう so, L1
〜そう see GN, L23
〜そう see GN, L30
そうじ（する）cleaning, to clean, vacuum, L9
そうだん（する）［相談（する）］consultation, to consult, L22
そこ that place, there (by hearer), L6
そだつ to grow, be brought up, L21
そつぎょう（する）［卒業（する）］graduation, to graduate, L18
その that〜, L2
そば beside, close to, L9
そば SOBA, Japanese buckwheat noodles, L8
そふ［祖父］my grandfather, L16
そぼ［祖母］my grandmother, L16
それ that (close to the hearer), L1
それに also, moreover, besides, what's more, L5
それから and then, L3
それで so, then, L13
ぞんじている humble for 知っている, L26

だ see GN, L8
〜たい see GN, L8
タイ pn: Thailand, L10

〜だい［〜台］ *counter for machines* (e.g., TV), L6

だい〜［第〜］ the 〜st/nd/rd/th, L1

だいがく［大学］ university, L1

だいがくいん［大学院］ graduate school, L24

タイご［タイ語］ Thai (language), L5

たいざい（する） short stay, visit, to stay (somewhere) for a while, L27

たいしかん［大使館］ embassy, L25

だいじょうぶ all right, OK, L14

たいてい usually, L7

だいどころようひん［台所用品］ kitchen utensils, kitchenware, L19

たいへん serious, terrible, hard, difficult, L13

たかい［高い］ high, expensive, L5

たくさん a lot of, L7

タクシー taxi, L18

だす［出す］ to put out, L9

だす［出す］ to post/mail (letter), L9

たすかる［助かる］ to be of help, L28

たすける［助ける］ to help, aid, save, L28

たずねる［訪ねる］ to pay a visit, L18

ただしい［正しい］ correct, accurate, L30

たつ［立つ］ to stand, L16

たてもの［建物］ building, L5

たてる［建てる］ to build, L28

たな shelf, L30

たなか［田中］ *pn*: Tanaka, L1

たのしい［楽しい］ pleasant, happy, delightful, L10

たのむ to request, L28

たばこ cigarette, L17

たぶん probably, L12

たべもの［食べ物］ food, L5

たべる［食べる］ to eat, L3

〜ために（人のために） *see GN*, L20

〜ために *see GN*, L24

〜たら *see GN*, L18

〜たり *see GN*, L12

たりる［足りる］ to suffice, be enough, L24

だれ who, L1

だれか someone, L4

たろう［太郎］ *pn*: Taro (*male*), L26

〜だろう *plain form of* でしょう, L23

たんい［単位］ unit, L24

たんじょうび［誕生日］ birthday, L19

ちいさい［小さい］ small, L5

チェン *pn*: Chang, Cheng, Chen, L4

ちかく［近く（の店）］ near, close, L30

ちかてつ［地下鉄］ subway, L13

ちがう to be different, L11

チケット ticket, L25

ちこくする to be late, L25

ちず［地図］ map, L20

ちち［父］ my father, L16

（お）ちゃ［（お）茶］ green tea, tea, L3

ちゃいろ［茶色］ brown, L16

〜ちゃう *see GN*, L22

ちゃんと properly, as (one) should, L28

ちゅうい（する）［注意（する）］ advice, warning, to give advice, warn, L28

ちゅうごく［中国］ *pn*: China, L1

ちゅうごくご［中国語］ Chinese (language), L12

ちゅうし（する）［中止（する）］ cancellation, to call off, L24

ちょうさ（する） survey, to conduct a survey, L24

ちょうどいい just right, L23

チョコレート chocolate, L19

ちょっと a little, L8

〜つ *counter for small objects*, L6

つうやく（する） translation, to translate, L29

つかう［使う］ to use, L11

つかれる to get tired, L13

つぎ［次］ next, L10

つく to arrive, reach, L12

つく to turn on, come on, L21

つくえ desk, L6

つくる［作る］ to make, L4

つける to turn on, L9

つごう［都合］ circumstances, (at one's) convenience, L14

つたえる［伝える］ to tell, convey (a message), L23

つづける［続ける］ to continue, L24

つとめる to be employed by, work for, L29

つまらない dull, boring, tedious, L5

つめたい［冷たい］ cold (*thing*), L6

つもり *see GN*, L15

つよい [強い] powerful, strong, L12

つれていく [連れていく] to take (someone) along, L20

て [手] hand, L3

で in, by (means of), L1

で *marker for place of action*: at, in, on L3

で *see GN*, L10

～てあげる *see GN*, L20

（お）てあらい [（お）手洗い] lavatory, bathroom, L26

～てある *see GN*, L21

～ていく *see GN*, L15

ディスコ disco, L7

ティーシャツ [T シャツ] T-shirt, L11

ていしゅつ（する）[提出（する）] submission, to hand in, L29

～ていただきたいんですが *see GN*, L20

～ていただく *see GN*, L20

～ていただけませんか Would you～?, L29

でいらっしゃいます *honorific for ～だ*, L26

デート（する）date, to make/have a date, L11

テープ audio/video tape, L3

テーブル table, L6

テープレコーダー tape recorder, L4

～ておく *see GN*, L22

てがき [手書き] handwritten, L17

でかける [出かける] to go out, L11

てがみ [手紙] letter, L4

～てから *see GN*, L10

できごと happening, event, L30

できる to be able to, L13

～てくださいませんか *see GN*, L20

～てくださる *see GN*, L20

～てくる *see GN*, L15

～てくれませんか *see GN*, L20

～てくれる *see GN*, L20

でございます *humble or polite for ～だ*, L26

デザート dessert, L15

デザイン design, L10

～てしまう *see GN*, L22

でしょう *see GN*, L2

でしょう（⌣）*tag question, said with rising intonation*, L10

です *see GN*, L1

テスト test, examination, L2

てつだう [手伝う] to help, lend a hand, L20

テニス tennis, L3

テニスコート tennis court, L12

では Well then..., L23

デパート department store, L3

～てはいけない *see GN*, L17

～てみる *see GN*, L15

～ても *see GN*, L18

でも but, L5

でも or something, L8

～てもいい *see GN*, L17

～てもらう *see GN*, L20

（お）てら Buddhist temple, L10

でる [出る] to come out, L8

でる [出る] to attend (class), L8

でる [出る] to be featured, L21

テレビ television, L3

てんいん [店員] shop clerk, L29

てんき [天気] weather, L5

でんき [電気] lights, electricity, L9

でんきストーブ [電気ストーブ] electric heater, L19

でんきせいひん [電気製品] electric appliances, L19

てんきよほう [天気予報] weather report, L23

てんじ [点字] braille, L24

でんしじしょ [電子辞書] electronic dictionary, L28

でんしゃ [電車] (electric) train, L4

でんち battery, L2

てんぷら TEMPURA, deep fried fish and vegetables, L8

でんわ（する）[電話（する）] telephone, to call, phone, L11

でんわばんごう [電話番号] telephone number, L5

と and, L2

と door, L9

と *see GN*, L21

と（と思う）*see GN*, L12

ドイツご [ドイツ語] German (language), L13

トイレ bathroom, toilet, L17
どう how, L5
とうきょう ［東京］ pn: Tokyo, L2
とうきょうディズニーランド ［東京ディズニーランド］ pn: Tokyo Disneyland, L15
どうして why, L24
どうぶつえん ［動物園］ zoo, L6
とおい ［遠い］ far, distant, L30
とおく ［遠く］ distant, far, L25
トースター toaster, L19
〜とき see GN, L12
ときどき ［時々］ sometimes, L7
〜とく see GN, L22
とくい good at (about someone's specialty), L7
どくしょ（する）［読書（する）］ reading, to read (books) for enjoyment, L7
とけい ［時計］ watch, clock, L9
どこ where, L3
どこか somewhere, L4
どこへでも see GN, L13
どこへも（＋neg）see GN, L4
とこや barber, barbershop, L9
ところ ［所］ place; often used with a modifier, e.g.,しずかな所, L21
ところで by the way, L21
としょかん ［図書館］ library, L1
どちら which, L14
とても very, L5
どなた who (polite form), L26
となり next door (to), L9
どの which, L16
どのくらい how many times, how much, how many hours, etc., L4
とまる to spend the night, L18
とまる ［止まる］ to come to a stop, park, L21
とめる to put someone up for the night, L20
とめる ［止める］ to stop, park, L21
ともだち ［友だち］ friend, L3
どようび ［土曜日］ Saturday, L2
ドライブ（する）drive, to go for a drive, L7
とり ［鳥］ bird, L25
とりにくる ［取りに来る］ to come and get, L19
ドリル drill, L1

とる ［取る］ to make (a copy), L9
とる to take (courses), L11
とる to take (pictures), L12
とる ［取る］ to get, L18
とる to steal, take, L28
どれ which, L1
とれる to come off, L30
どんな what kind of, L5

ない（ある）see GN, L10
〜ないで see GN, L28
ナイフ knife, L3
なおす ［直す］ to repair, fix, L20
なおす ［直す］ to correct (composition), L20
なおる to heal, recover, L21
なか ［中］ in, L9
なかまち ［中町］ pn: Nakamachi, L14
なかむら ［中村］ pn: Nakamura, L15
なかやま ［中山］ pn: Nakayama, L22
ながい ［長い］ long, L10
ながく ［長く］ a long time, L29
〜ながら see GN, L13
〜なきゃ see GN, L17
なく to cry, weep, L28
なくす to lose, L18
〜なくちゃ see GN, L17
〜なくてはいけない see GN, L17
〜なくてもいい see GN, L17
なくなる to run out, go dead, lose, L30
なさる honorific for する, L26
なぜ why, L8
なつ ［夏］ summer, L21
なつやすみ ［夏休み］ summer vacation, L11
なに ［何］ what, L3
なにか ［何か］ something, L4
なにも（＋neg）［何も］ see GN, L4
なべ pot, pan, casserole, L30
なまえ ［名前］ name, L15
ならう ［習う］ to learn from/study under someone, L12
なる to become, L8
なる to be, add up to (quantity, length of time), L21
なん←なに ［何］ what, L1
なんがつ ［何月］ what month, L4
なんじ ［何時］ what time, L2

なんじかん ［何時間］ how long = how many hours, L4

なんども ［何度も］ over and over again, L25

なんにち ［何日］ what day of the month/ how many days, L4

なんぷん ［何分］ how many minutes, L3

なんようび ［何曜日］ what day of the week, L2

に *time marker*: at, L3

に *destination marker*: to, L3

に *indirect object marker*, L4

に *marker showing place of existence*: in, at, on, L6

に per, L7

に（なる） *see GN*, L8

に *see GN*, L14

にがて poor at (about someone's weak point), L7

にぎやか lively, bustling, L10

にく ［肉］ meat, L14

にしまち ［西町］ *pn*: Nishimachi, L14

〜にち／か ［〜日］ days, L4

にちようび ［日曜日］ Sunday, L2

〜について with respect to 〜, about 〜, L30

にほん ［日本］ *pn*: Japan, L1

にほんご ［日本語］ Japanese (language), L1

にほんりょうり ［日本料理］ Japanese cuisine, food, L15

にもつ ［荷物］ baggage, bundle, L20

ニュース news, L3

にゅうがく（する）［入学（する）］ entrance, to enter (school), L19

〜によって *see GN*, L28

〜によると according to 〜, L23

にわ garden, L10

〜にん ［〜人］ *counter for human beings*, L6

ぬぐ to take off (clothing), L17

ぬすむ to steal, L28

ね *sentence ending*: *confirming one's understanding*, L2

（お）ねがい ［（お）願い］（がある）(to ask) a favor, (make) a request L20

ネクタイ necktie, L11

ねこ cat, L6

ねだん price, L24

ねつ fever, L14

ねむい sleepy, L16

ねる ［寝る］ to go to bed, sleep, L3

〜ねん ［〜年］ 〜 year(s), L7

の *see GN*, L1

の（あかいの） *see GN*, L5

の（きくのがすき） *see GN*, L7

ノート notebook, L17

のせる to place 〜 on, carry, give a ride to, L20

ので *see GN*, L14

のど throat, L14

のなかで ［の中で］ among, L14

のに *see GN*, L25

のばす to postpone, put off, L29

のほうが *see GN*, L14

のぼる climb, L12

のみもの ［飲み物］ drink, beverage, L14

のむ ［飲む］ to drink, L3

のりもの ［乗り物］ means of transportation, L5

のる ［乗る］ to get on, ride, L4

のんびりする to feel at ease, make oneself at home, L22

は *topic/theme marker, singling something out for contrast*, L1

は ［歯］ tooth, L14

〜ば *see GN*, L25

パーティー party, L10

はい yes, L1

〜ばい〜 times, L24

はいけんする *humble for* 見る, L26

パイナップル pineapple, L14

はいる ［入る］ to enter, L13

はいる ［入る］ to take a bath, L14

はいる ［入る］ to be accommodated in, L16

はがき postcard, L6

はく to put (shoes, socks, pants) on, L11

パク *pn*: Park, L1

はこぶ ［運ぶ］ to carry, L20

はし chopsticks, L3

はじまる ［始まる］ to start, L3

はじめ［初め］the beginning, at first, L27
はじめて［初めて］for the first time, L23
はじめる［始める］to begin, start, L12
バス bus, L3
パスポート passport, L22
はたらく［働く］to work, labor, L13
はつおん［発音］pronunciation, L28
はつめい（する）［発明（する）］invention, to invent, L28
はで gaudy, L23
パトカー police/patrol car, L30
はな［花］flower, L3
はなし［話］talk, story, L12
はなしあい［話し合い］discussion, L29
はなしかける［話しかける］to speak to 〜, start up a conversation with someone, L28
はなす［話す］to speak, talk, L3
バナナ banana, L14
はなや［花屋］flower shop, L3
はは［母］my mother, L16
ハムレット pn: Hamlet, L28
パメラ pn: Pamela, L20
はめる to put (a wristwatch, a ring) on, L11
はやい［速い］fast, speedy, L10
はやく［早く］early, soon, quickly, L13
はやし［林］pn: Hayashi, L26
はらう［払う］to pay, L9
はらじゅく［原宿］pn: Harajuku, L21
はる［春］spring, L21
はるやすみ［春休み］spring vacation, L15
はれる［晴れる］to clear up, L12
ハワイ pn: Hawaii, L27
はん［半］half, L2
パン bread, L3
ハンカチ handkerchief, L6
ばんぐみ［番組］(TV/radio) program, L25
ばんごはん［晩ご飯］supper, dinner, L3
ハンサム handsome, L16
ハンドバッグ handbag, purse, L19
ハンバーガー hamburger, L5
パンフレット pamphlet, L27
パンや［パン屋］bakery, L9

ひ［日］day, L8
ひ［火］fire, L9
ピアノ piano, L7

ビーせき［B席］B seating, L14
ビール beer, L7
ひがし［東］east, L21
ひがしまち［東町］pn: Higashimachi, L14
ピカソ pn: Picasso, L28
〜ひき／びき／びき counter for small animals, L6
ひく to play (a musical instrument), L7
ひく to catch (cold), L14
ひく［引く］to look up, consult, L18
ひくい［低い］low, L5
ひこうき［飛行機］airplane, L3
びじゅつかん［美術館］art museum, L6
ひだり［左］left, L9
ひだりきき［左きき］left-handed, L24
ひっこす to move in/out, L15
ひつよう［必要］necessary, L18
ビデオ video (tape), L2
ひと［人］person/people, L1
ビニール soft plastic, vinyl, L16
ひま free time, L10
ひも string, cord, L30
ひやす to cool, refrigerate, L21
びょういん［病院］hospital, L9
びょうき［病気］illness, L12
ひょうげん（する）expression, to express, L24
ひらがな hiragana, L1
ひらく［開く］to hold (a party, meeting), L28
ひる［昼］noon, L3
ビル building, L9
ひるごはん［昼ご飯］lunch, L3
ひろい［広い］spacious, roomy L5
ひろう to grab, flag down a taxi, L25
びんぼう poor, L16

フィルム (camera) film, L2
プール swimming pool, L2
フォーク fork, L3
フォーメーション formation (our term for structural practice), L1
ふく［服］clothes, L8
ふくしゅう（する）［復習（する）］review, to review, L17
ふじさん［富士山］Mount Fuji, L12

ぶっか［物価］price of commodities, cost of living, L23

ぶちょう［部長］section chief, L26

ふとん FUTON, Japanese bedding, L9

ふどうさんや［不動産屋］realtor, L25

ふね［船］boat, ship, L12

ふべん［不便］inconvenient, L5

ふむ to tread on, step on, L28

ふゆやすみ［冬休み］winter vacation, L12

ブラウス blouse, L11

プリント handouts for class, L22

ふる［降る］to fall, rain, L10

ふるい［古い］old, L5

プレイガイド play guide, L25

プレゼント present, gift, L21

（お）ふろ bath, L14

ブローチ brooch, L30

～ふん／ぷん［～分］minute(s), L3

ふんいき atmosphere, mood, L24

ぶんか［文化］culture, L24

ぶんがく［文学］literature, L1

ぶんしょ［文書］document, L22

ぶんぼうぐや［ぶんぼうぐ屋］stationer, stationery store, L9

へ directional marker, L3

へた bad at, L7

ペット pet, L9

ベッド bed, L6

へや［部屋］room, L4

ベル pn: Bell, L28

ペン pen, L19

べんきょう（する）［勉強（する）］studies, to study, L3

べんごし lawyer, L8

へんじ［返事］reply, answer, response, L25

べんり［便利］convenient, L5

～ほうがいい see GN, L14

ぼうし hat, cap, L8

ボーイフレンド boyfriend, L15

ホームステイ（する）homestay, to stay in someone's home, L12

ボールペン ballpoint pen, L6

ほかに else, in addition, L24

ぼく I (male), L19

ほしい see GN, L8

ボタン button, L18

ほっかいどう［北海道］pn: Hokkaido, L4

ホテル hotel, L10

ほど（＋neg.）see GN, L14

ほめる to praise, compliment, L28

ホワイト pn: White, L9

ほん［本］book(s), L1

～ほん／ぼん［／ぽん］～本 counter for cylindrical objects, L6

ほんこん［香港］pn: Hong Kong, L14

ほんとうに really, truly, L22

ほんばこ［本ばこ］bookcase, L9

ほんや［本屋］bookstore, L3

ほんやく（する）translation, to translate, L28

～まい［～枚］～ sheet(s) of, L6

まいにち［毎日］every day, L4

まいります humble for 行く／来る, L26

まえ［前］before, in front of, L2

～まえに see GN, L22

～ましょう see GN, L4

まずい yucky, bad tasting, L10

また again, L11

まだ not yet, L11

まち［町］town, city, L6

まちがえる to make a mistake, mistake something for something, L22

まつ［待つ］to wait, L3

まっすぐ straight, L21

まつり festival, L21

まで until, to, L2

までに see GN, L17

まど window, L5

まにあう［間に合う］to be in/on time, make it, L25

マニュアル a manual, L25

まよう to get lost, lose one's way, L18

マリー pn: Marie, L11

まりこ pn: Mariko (female), L26

まんが cartoon, comics, L28

まんなか［真ん中］the center, L9

ミーティング meeting, L18

みえる［見える］to be visible, L18

みかん tangerine, L14

みぎ［右］right, L9
みじかい［短い］short, brief, L10
みず［水］water, L14
みずうみ lake, L21
みずぶそく［水不足］water shortage, L24
みせ［店］shop, store, place of business (incl. restaurant), L6
みせる［見せる］to show, L4
みたか［三鷹］ *pn*: Mitaka, L2
みち［道］the way, road, street, L4
みつかる［見つかる］to be found, L21
みつける［見つける］to find, to discover, L22
みどり green, L14
みなおす to reconsider, change one's opinion about, L22
みなみアメリカ［南アメリカ］ *pn*: South America, L30
みなみまち［南町］ *pn*: Minamimachi, L14
みる［見る］to see, watch, look at, L3
みんな everyone, L21

むかえにいく［むかえに行く］to go to meet someone (who is arriving), L29
むこう［向こう］over there, beyond, L9
むさしさかい［武蔵境］ *pn*: Musashisakai, L2
むずかしい difficult, hard, L5

め［目］eye, L24
めがね eyeglasses, L11
めざましどけい［めざまし時計］alarm clock, L22
めしあがる *honorific for* たべる・のむ, L26
メニュー menu, L8
めんせつ（する）interview, to interview, L17

も also, L1
も *particle denoting a greater quantity than expected*, L16
もう already, L11
もうすこし［もう少し］a little bit more, L7
もうします［申します］*humble for* 言う, L19
もくようび［木曜日］Thursday, L2
もし if, L18
もじ［文字］letter(s), alphabet, L24
もの［物］things, goods, L5

もらう to receive, L19
もんげん curfew, L13
もんだい［問題］question, L23

や and, among others, L3
やかん kettle, L30
やきとり YAKITORI, grilled chicken on a skewer, L8
やきもの pottery, L15
やきゅう［野球］baseball, L15
やく〜［約］about, approximately 〜, L21
やくす to translate, L29
やくそく（する）［約束（する）］promise, appointment, to promise/make an appointment., L22
やさい［野菜］vegetables, L7
やさしい easy, gentle, kind, L5
やすい［安い］cheap, L5
やすみ［休み］holiday, L2
やすみのひ［休みの日］day off, L23
やすむ［休む］to rest, be absent from, L8
やちん［家賃］rent, L5
やっきょく［薬局］drugstore, L9
やぶる to tear, L22
やま［山］mountain, L8
やまかわ［山川］ *pn*: Yamakawa, L26
やまだ［山田］ *pn*: Yamada, L11
やまのぼり［山のぼり］mountain climbing, L7
やまもと［山本］ *pn*: Yamamoto, L19
やめる to quit, L17

ユーモア a sense of humor, L16
ゆっくり slowly, L24
ゆうじん［友人］friend, L26
ゆうびんきょく［郵便局］post office, L2
ゆうめい［有名］famous, L21
ゆき［雪］snow, L21
ゆたか abundant, plentiful, ample, L21

ヨーロッパ *pn*: Europe, L27
ようい（する）［用意（する）］ready, L24
ようこ［洋子］ *pn*: Yoko (*female*), L19
ようじ［用事］business, affairs, something to do, L8
ようだ *see GN*, L30

～ように *see GN*, L24
～ようになった *see GN*, L12
～ようび ［曜日］ day of the week, L2
ようふく ［洋服］ Western clothing, L30
よく often, L7
よく well, L12
よこ ［横］ beside, L9
よこはま ［横浜］ *pn*: Yokohama, L10
よごす to soil, stain, L22
よしゅう（する）［予習（する）］ preparation for lesson, to prepare one's lesson, L15
よてい ［予定］ plan, L8
よぶ to call out to, invite, L3
よぶ to call, flag down, summon, L27
よみかた ［読み方］ reading, L2
よむ ［読む］ to read, L3
よやく（する）［予約（する）］ reservation, to reserve, L18
より *see GN*, L14
よる ［夜］ night, L3
よろこぶ to be happy, take pleasure in, L29

らいしゅう ［来週］ next week, L4
らいねん ［来年］ next year, L12
～らしい it seems that ～, looks like ～, L30
ラジオ radio, L3
ラボ (language) laboratory, L2

リー *pn*: Lee, L1
リサ *pn*: Lisa, L20
りゆう ［理由］ reason, L10
りゅうがくせい ［留学生］ foreign student(s), L1
りょう ［寮］ dormitory, L1
りょうきん ［料金］ fee, L2
りょうしん ［両親］ parents, L8
りょうり（する）［料理（する）］ cooking, to cook, L7
りょこう（する）［旅行（する）］ trip, to travel, take a trip, L4
りんご apple, L6

ルームメート roommate, L20
るす absence, being away from home, L18

れい ［例］ example, L1

れいぞうこ refrigerator, L6
れきし ［歴史］ history, L11
レコードや ［レコード屋］ record shop, L9
レストラン restaurant, L3
レポート report, L10
れんしゅう（する）［練習（する）］ practice, to practice, L11
れんらく（する）［連絡（する）］ contact, to contact, L9

ろんぶん ［論文］ research paper, L23

ワープロ word processor(s), L4
ワイン wine, L21
わかい ［若い］ young, L22
わかる to understand, L8
わすれる ［忘れる］ to forget, leave behind, L9
わたくし ［私］ I (*formal*), L26
わたし I, L1
わたしたち we, L10
わる ［割る］ to break (glass), L22
わるい ［悪い］ bad, L8

を *direct object marker*, L2

んだ *coll. for* のです, L25

KANJI INDEX

This index provides the lesson number in which kanji appear in the 「新しい漢字」 and 「読み方を覚えましょう」 sections, a single number indicating the former and a number with an R, the latter. Words in brackets indicate kanji readings which, while standard, do not appear among the controlled readings given in this book.

Reading	Kanji	Lesson
あいだ	間	9
あ（う）	会	4R,8
あお	青	24
あお（い）	青	24
あか	赤	24
あか（い）	赤	24
あか（るい）	明	5
あ（がる）	上	9
あき	秋	15
［あく］	悪	24
あ（く）	開	20
	空	27
あ（ける）	開	20
あ（げる）	上	9
あさ	朝	3R,13
あし	足	17
あじ	味	25
あそ（ぶ）	遊	29R
あたま	頭	16R
あたら（しい）	新	5
あつ（い）	暑	12R
あつ（まる）	集	21
あつ（める）	集	21
あと	後	3
あに	兄	16
あね	姉	16
あめ	雨	9
あら（う）	洗	16R
ある（く）	歩	23
あん	安	30
	案	20R
い	以	12
	医	23
	意	28

Reading	Kanji	Lesson
い（う）	言	6
いえ	家	15
い（きる）	生	1
い（く）	行	3R,4,15R
いし	石	24R
いそ（ぐ）	急	23
いた（い）	痛	14R
いち	一	2,14R
いつ	五	2
いっ	一	2
いつ（つ）	五	2
いぬ	犬	25
いま	今	3
いもうと	妹	16
いり	入	13
い（る）	入	13
い（れる）	入	13
いろ	色	24
いん	員	19
	院	9R,23
［いん］	飲	6
［う］	右	9
［う］	雨	9
うえ	上	9
う（ける）	受	24R
うご（く）	動	21
うし	牛	25
うし（ろ）	後	3
うた	歌	29
うた（う）	歌	29
う（つ）	打	11R
うつ（す）	写	20
う（まれる）	生	1
うみ	海	18

Reading	Kanji	Lesson
う（る）	売	27
うわ	上	9
うん	運	13
えい	英	24
	映	6R,12
えき	駅	6R,12
えら（ぶ）	選	18R
えん	円	2R,7
	園	6R
おお	大	1
おお（い）	多	5
おお（きい）	大	1
お（きる）	起	26
[おく]	屋	22
おく（る）	送	30
お（こす）	起	26
おし（える）	教	18
お（す）	押	18R
お（ちる）	落	25R
おと	音	29
おとうと	弟	16
おとこ	男	16
おな（じ）	同	14
おぼ（える）	覚	11R
おも（い）	重	10
おも（う）	思	17
およ（ぐ）	泳	29R
お（りる）	降	27R
お（わる）	終	30
おん	音	7R,29
おんな	女	16
か	下	9,13R
	火	4
	化	24R
[か]	何	3
	花	19
	価	23R
[か]	夏	15
	家	15
[か]	歌	29
	日	1
が	画	6R,12
（お）かあ（さん）	母	16
かい	会	8,26R
	回	7R
[かい]	海	18

Reading	Kanji	Lesson
	界	23
[かい]	開	20
	階	26R
がい	外	8
か（う）	買	4R,6
かえ（す）	返	28R
かえ（る）	帰	11
かお	顔	17R
かく	画	12
か（く）	書	4R,6
がく	学	1,16R,28R
	楽	7R,29
か（す）	貸	28
かず	数	23R
かぜ	風	27
かた	方	26
がた	方	26
かつ	活	30R
がつ	月	4
がっ	学	1,23R
かね	金	4
かみ	紙	27
がみ	紙	27
かよ（う）	通	29
からだ	体	17
か（りる）	借	28
かる（い）	軽	10R
かわ	川	7
か（わる）	代	28
	変	24R
かん	間	4R,9
	漢	18
	館	6R,12
かんが（える）	考	18
かん（じる）	感	26R
き	気	8,23R
[き]	起	26
	帰	11
	期	23R
	器	19R
	機	14R
	木	4
ぎ	義	19R
	議	26R
	着	11
き（く）	聞	10

Reading	Kanji	Lesson
ざい	済	21R
さかな	魚	25
さき	先	1
さく	作	20
さけ	酒	19R
さま	様	26R
さむ（い）	寒	12R
さん	三	2
[さん]	山	7
し	子	8
[し]	止	21
	仕	5R,10
	四	2
	市	15R
[し]	死	23
[し]	私	26
	使	11
[し]	始	21
[し]	姉	16
[し]	思	17
[し]	紙	27
	試	24
	自	17,29R
じ	字	18,30R
	自	17
	治	21R
	事	8R,10, 25R,30R
[じ]	持	11
	時	3,4R
	地	20
	辞	25R
しき	式	25R
しず（かな）	静	22R
した	下	9
しち	七	2
しつ	失	29R
	室	27
	質	22
じつ	実	24R
じっ	十	2
しな	品	19
し（ぬ）	死	23
し（まる）	閉	21R
し（める）	閉	21R
しゃ	写	20

Reading	Kanji	Lesson
	社	10
	車	9
	者	23
[しゃく]	借	28
[しゅ]	手	17
	主	30
[しゅう]	秋	15
[しゅう]	終	30
	習	18,25R
	週	7R,11
[しゅう]	集	21
じゅう	十	2
	住	11
[じゅう]	重	10
しゅく	宿	8R
じゅく	宿	13R
しゅつ	出	10
しゅっ	出	10,27R
じゅつ	術	15R
じゅっ	十	2
[しゅん]	春	15
じゅん	準	22R
しょ	書	6,25R
じょ	女	16,23R
	所	6R
しょう	小	5
[しょう]	少	5
	生	1
	正	19
じょう	上	9
	状	27R
	常	12R
	場	29
	生	1
[しょく]	色	24
	食	6
しょっ	食	6,19R
しら（べる）	調	15R
し（る）	知	26
しろ	白	5
しろ（い）	白	5
しん	心	17,29R
	真	20
	新	5,13R,15R
	親	8R,22
しん（じる）	信	14R

Reading	Kanji	Lesson
じん	人	1
ず	図	12
すい	水	4
すう	数	16R,30R
す（き）	好	7R
すく（ない）	少	5
すこ（し）	少	5
す（ごす）	過	27R
す（む）	住	11
すわ（る）	座	13R
せ	世	23
[せい]	正	19
	生	1,28R,30R
[せい]	西	14
[せい]	青	24
	性	23R
	政	21R
[せき]	夕	21
[せき]	赤	24
	席	14R,27R
せつ	切	22
	説	20R
せん	千	7
[せん]	川	7
	先	1
	専	26R
	線	15R
ぜん	全	22R
	前	2R,3
	然	29R
	千	7
[そう]	早	13
[そう]	走	26
[そう]	送	30
	相	22R
[そく]	足	17
	束	22R
ぞく	族	15
そつ	卒	19R,27R
そと	外	8
そら	空	27
[た]	多	5
	田	12R,13
だ	田	13
[たい]	体	17
	待	11

Reading	Kanji	Lesson
[たい]	貸	28
	大	1
だい	大	1
	代	28
	台	19
	題	8R,22
	弟	16
たか（い）	高	5
たく	宅	19R
た（す）	足	17
だ（す）	出	10
たす（かる）	助	28R
たす（ける）	助	28R
たず（ねる）	訪	18R
ただ（しい）	正	19
た（つ）	立	26
たて	建	28
た（てる）	建	28
たと（えば）	例	30R
たの（しい）	楽	29
た（べる）	食	3R,6
た（りる）	足	17
だん	男	16,23R
	談	22R
ち	地	13R,20
[ち]	知	26
ちい（さい）	小	5
ちか（い）	近	13
ちから	力	26
ちち	父	16
ちゃ	茶	19
[ちゃく]	着	11
ちゅう	中	1
	注	28
[ちゅう]	昼	21
[ちょう]	町	14
	長	19
[ちょう]	鳥	25
[ちょう]	朝	13
つ	都	18R
つう	通	8R,29
つか（う）	使	11
つき	月	4
つぎ	次	10R
つ（く）	着	11
つく（る）	作	20

Reading	Kanji	Lesson
つだ（う）	伝	20R
つた（える）	伝	23R
つち	土	4
つづ（ける）	続	24R
つめ（たい）	冷	24R
つよ（い）	強	20
つ（れて）	連	15R
て	手	17,20R
［てい］	弟	16
	定	8R
てつ	鉄	13R
で（る）	出	10
てん	天	10,23R
	店	22
	転	13
［でん］	田	13
	電	9
と	都	15R
	十	2
	時	3
	図	12
ど	土	4
	度	8R,28
［とう］	冬	15
	東	5R,14
［とう］	答	22
（お）とう（さん）	父	16
［どう］	同	14
	動	21
	堂	12
	道	29
とお	十	2
とお（い）	遠	13R
とお（る）	通	29
とき	時	3
とく	特	30
どく	読	6
ところ	所	21R
とし	年	7
と（まる）	止	21
と（める）	止	21
とも	友	8
とり	鳥	25
と（る）	取	9R
な	名	13
ない	内	20R

Reading	Kanji	Lesson
なお（す）	直	20R
なか	中	1
なが（い）	長	19
なつ	夏	15
なな	七	2
なな（つ）	七	2
なに	何	1R,3
なの	七	2
なら（う）	習	18
なり	成	12R
［なん］	南	14
	何	1R,3
に	二	2
	日	1
	荷	20R
（お）にい（さん）	兄	16
にく	肉	25
にし	西	14
にち	日	1
にっ	日	1
にゅう	入	13
にん	人	1
（お）ねえ（さん）	姉	16
ねが（う）	願	20R
ね（る）	寝	16R
ねん	年	7
の（む）	飲	4R,6
の（る）	乗	4R
は	歯	17R
ば	場	29
ぱい	配	29R
［ばい］	売	27
［ばい］	買	6
はい（る）	入	13
［はく］	白	5
はこ（ぶ）	運	13
はじ（まる）	始	21
はじ（めて）	初	10R
はじ（める）	始	21
はし（る）	走	26
はたら（く）	働	13R
はち	八	2
はつ	発	27
はっ	八	2
ぱつ	発	27
はな	花	19

Reading	Kanji	Lesson	Reading	Kanji	Lesson
はなし	話	6	ぶつ	物	15
はな（す）	話	6	ぶっ	物	15,23R
はは	母	16	ふと（い）	太	10R
はや（い）	早	13	ふね	船	12R
はや（い）	速	10R	ふゆ	冬	15
はら（う）	払	27R	ふ（る）	降	25R
はる	春	15	ふる（い）	古	5
は（れる）	晴	12R	ふん	分	3
はん	半	3	ぶん	分	3
	飯	25		文	18,23R,
ばん	晩	3R			24R
	番	14R,18R,		聞	10
		25R,30R	ぷん	分	3
ひ	非	12R	へ	部	5R
	飛	14R	べつ	別	30
	日	1	へん	返	25R
	火	4	べん	便	5R
び	美	15R		勉	20
	備	22R	ほ	歩	23
	日	1	ぼ	母	16
ひがし	東	14	ぽ	歩	23
ひかり	光	26R	ほう	方	26
ひ（く）	引	18R	[ほく]	北	14
ひく（い）	低	10R	[ぼく]	木	4
ひだり	左	9	ほん	本	1
ひつ	必	18R	ぼん	本	1
ひと	人	1	ぽん	本	1
	一	2	ま	間	9
ひと（つ）	一	2		真	20
ひゃく	百	7	まい	毎	11
びゃく	百	7	[まい]	妹	16
ぴゃく	百	7		枚	6R
びょう	病	9R,23	まえ	前	3
ひら（く）	開	20	まち	町	14
ひる	昼	21	まつ	末	7R
ひろ（い）	広	14	ま（つ）	待	11
[ひん]	品	19	まん	万	7
びん	便	2R	み	味	25
ふ	不	5R,29		三	2
	父	16	み（える）	見	6
ぶ	部	22R	みぎ	右	9
[ふう]	風	27	みじか（い）	短	16R
ふく	服	30	みず	水	4
ふた	二	2	みせ	店	22
ふた（つ）	二	2	み（せる）	見	6
ふつ	二	2	みち	道	29

Reading	Kanji	Lesson
み（つかる）	見	6
み（つける）	見	6
みっ（つ）	三	2
みなみ	南	14
みみ	耳	17R
み（る）	見	3R,6
む	無	26R
	六	2
むい	六	2
む（こう）	向	9R
むっ（つ）	六	2
め	目	17
めい	名	13
	明	5,20R
もう（す）	申	19R
［もく］	目	17
	木	4
もつ	物	15,20R
も（つ）	持	11
もと	本	1
もの	物	15
もん	問	22
や	夜	21
	野	25
	八	2
	屋	5R,9R,22
やく	約	18R,22R
やす（い）	安	30
やす（み）	休	8
やす（む）	休	8
やっ（つ）	八	2
やま	山	7
［ゆう］	友	8
	由	10R
	有	21
	夕	21
ゆき	雪	21R
ゆび	指	17R
よ	予	8R,18R,23R
	四	2
よう	用	8R,10
	洋	30
	要	18R
	曜	29
	八	2

Reading	Kanji	Lesson
よこ	横	9R
よっ（つ）	四	2
よ（む）	読	6
よる	夜	21
よん	四	2
らい	来	4
らく	絡	11R
り	利	5R
	理	7R,10R,19R,20,26R
［りつ］	立	26
りゅう	留	28R
りょ	旅	7R,15
りょう	両	8R
	料	7R,20
［りょく］	力	26
れい	礼	29R
	例	11R
れん	連	11R
	練	25R
ろく	六	2
ろっ	六	2
ろん	論	23R,27R
わ	話	6
わか（い）	若	14R
わ（かる）	分	3
わか（れる）	別	30
わす（れる）	忘	16R
わたくし	私	26
わ（る）	割	29R
わる（い）	悪	24
———	々	7

JAPANESE GRAMMATICAL INDEX

	Lesson	Sub-heading
—させていただきたいんですが	29	3.2
—させてください	29	3.1
—させられる	29	2
—させる	29	1
—さつ	6	8.7
し	24	4
—じ	2	2
しか	6	9
じゃいけない	17	3
じゃありません	1	1.2
	5	3.2
じゃありませんでした	2	10
	10	2.2
	10	3
じゃない	8	4.1
じゃなかった	10	2.2
	10	3
じゃなくてはいけない	17	4
じゃなくてもいい	17	2
—しゅう（かん）	7	1.2
すき	7	4
—すぎる	23	1
ぜんぜん	7	2
そうだ	24	4
—そうだ	30	3
その	2	5
それ	1	5
それに	5	9.1
—た	10	4
だ	8	4.1
たいてい	7	2
—だい	6	8.3
—たいです	8	2.1
—たことがある	15	3
だった	10	2.1
	10	3
ために	24	1.1
	24	1.2
ための	24	1.3
—たら	18	2
—たり	12	1
だれ	1	6
だれか	4	6

	Lesson	Sub-heading
だれでも	13	5
だれも	4	7
—つ	6	8.8
つもりだ	15	4
で	3	5
	3	7
	10	6
—てあげる	20	1.1
—てある	21	3
—ていく	15	1.1
—ています	11	1
—ている	21	2
—ておく	22	1
—てから	10	7
—てください	9	2.1
—てくる	15	1.2
—てくれる	20	1.2
—てしまう	22	2
—てはいけない	17	3
—てみる	15	2
—ても	18	3
	23	2
—てもいい	17	1
—てもらう	20	1.3
できる	13	1.1
でした	2	10
	10	2.1
	10	3
でしょう	2	9
でしょう（‿）	10	8
〜(N)です	1	1.1
じゃいけない	17	3
じゃありません	1	1.2
じゃありませんでした	10	3
じゃない	8	4.1
じゃなかった	10	2.2
じゃなくてはいけない	17	4
じゃなくてもいい	17	2
だ	8	4.1
でした	2	10
です	1	1
ではいけない	17	3
でもいい	17	1
のN	1	4

JAPANESE
GRAMMATICAL
INDEX

APPENDICES

ENGLISH GRAMMATICAL INDEX

□著作・編集者

George D.Bedell
Marie J.Bedell
Rebecca L.Copeland
飛田 良文
平田 泉
広瀬 正宜
稲垣 滋子
Mayumi Yuki Johnson
村野 良子

中村 一郎
中村 妙子
根津 真知子（編集責任者）
小川 貴士
尾崎 久美子
鈴木 庸子
田中 真理
山下 早代子
・アルファベット順

イラストレイション：村崎 緑

ICUの日本語　初級3
JAPANESE FOR COLLEGE STUDENTS: Basic Vol. 3

1996年10月　第1刷発行
2003年8月　第4刷発行

著 者　学校法人　国際基督教大学
発行者　畑野文夫
発行所　講談社インターナショナル株式会社
　　　　〒112-8652 東京都文京区音羽 1-17-14
　　　　電話　03-3944-6493（編集部）
　　　　　　　03-3944-6492（営業部・業務部）
　　　　ホームページ　www.kodansha-intl.co.jp
印刷・製本所　大日本印刷株式会社